# CELEBRAÇÃO DOS SENTIDOS

Coleção Viver como Protagonista

- *Aprendendo a aprender:* 14 aprendizagens para a evolução pessoal – Carlos Alemany
- *Educação Transpessoal:* um jeito de educar a partir da interioridade – Jorge Trevisol
- *O pulsar da vida:* um caminho de integração das próprias emoções na perspectiva cristã – Ana Bissi
- *Celebração dos sentidos:* itinerário para uma espiritualidade integradora – Alessandro Rocha

Alessandro Rocha

# CELEBRAÇÃO DOS SENTIDOS

## Itinerário para uma espiritualidade integradora

Dados Internacionais de Catalogação na Publicação (CIP)
(Câmara Brasileira do Livro, SP, Brasil)

---

Rocha, Alessandro
   Celebração dos sentidos : itinerário para uma espiritualidade integradora / Alessandro Rocha. – São Paulo : Paulinas, 2009. – (Coleção viver como protagonista)

   Bibliografia
   ISBN 978-85-356-2251-5

   1. Espiritualidade   2. Espiritualidade - Cristianismo   I. Título. II. Série.

09-04103                                                         CDD-248

---

Índice para catálogo sistemático:
1. Espiritualidade e teologia : Cristianismo   248

Citações bíblicas: *Nova Versão Internacional*. Sociedade Bíblica Internacional

Direção-geral: *Flávia Reginatto*
Editores responsáveis: *Luzia M. de Oliveira Sena*
*Afonso M. L. Soares*
Assistente de edição: *Andréia Schweitzer*
Copidesque: *Maria Goretti de Oliveira*
Revisão: *Jaci Dantas e*
*Sandra Sinzato*
Direção de arte: *Irma Cipriani*
Gerente de produção: *Felício Calegaro Neto*
Capa e diagramação: *Telma Custódio*

---

*Nenhuma parte desta obra poderá ser reproduzida ou transmitida por qualquer forma e/ou quaisquer meios (eletrônico ou mecânico, incluindo fotocópia e gravação) ou arquivada em qualquer sistema ou banco de dados sem permissão escrita da Editora. Direitos reservados.*

---

**Paulinas**
Rua Pedro de Toledo, 164
04039-000 – São Paulo – SP (Brasil)
Tel.: (11) 2125-3549 – Fax: (11) 2125-3548
http://www.paulinas.org.br – editora@paulinas.com.br
Telemarketing e SAC: 0800-7010081
© Pia Sociedade Filhas de São Paulo – São Paulo, 2009

À minha querida companheira Adriana
com quem tenho trilhado os caminhos do Amor.
Obrigado por colaborar na formação de minha sensibilidade.

*In memoriam* de Edelto Barreto Antunes.
"Mesmo com um espinho na carne, a graça sempre lhe bastou."
Grato por ter me ensinado a paixão pela vida, mesmo nos limiares da morte.

Como quem num dia de Verão abre a porta de casa
E espreita para o calor dos campos com a cara toda,
Às vezes, de repente, bate-me a Natureza de chapa
Na cara dos meus sentidos,
E eu fico confuso, perturbado, querendo perceber
Não sei bem como nem o quê...

Mas quem me mandou a mim querer perceber?
Quem me disse que havia que perceber?

Quando o Verão me passa pela cara
A mão leve e quente da sua brisa,
Só tenho que sentir agrado porque é brisa
Ou que sentir desagrado porque é quente,
E de qualquer maneira que eu o sinta,
Assim, porque assim o sinto, é que é meu dever senti-lo...

(Alberto Caeiro, *O guardador de rebanhos*)

# Sumário

Apresentação ............................................................................. 11
    Ana Maria Tepedino

Prefácio – Uma viagem pelos sentidos ................................... 15
    Edson Fernando de Almeida

1. Diante de Deus de corpo e mente. Isso é ser racional ....... 19
    Introdução ............................................................................ 20
    Itinerário bíblico-existencial ............................................... 20
    1ª estação – Raspando tintas que escurecem a casa ......... 21
    2ª estação – Só a cabeça, ou toda a existência? ................ 23

## 1º Sentido
## Visão

2. Há vida e há morte entre olhos e olhares ......................... 29
    Introdução ............................................................................ 29
    Itinerário bíblico-existencial ............................................... 30
    1ª estação – Olhares distantes, corações acovardados! ... 32
    2ª estação – Olhos que nos acusam de nossas sombras e covardias ... 33
    3ª estação – Um olhar livre e libertador! .......................... 34

3. Olhos abertos pelo Pão e pela Palavra ............................... 37
    Introdução ............................................................................ 38
    Itinerário bíblico-existencial ............................................... 38
    1ª estação – Olhos incapacitados pela desesperança do coração ... 39
    2ª estação – O que outros olhos veem não garante minha própria visão ... 40
    3ª estação – O Pão, a Palavra e os olhos abertos ............. 42

## 2º Sentido
## Audição

4. Jesus ensina-nos a ouvir. Cala-te e ouvirás! ...................... 47
    Introdução ............................................................................ 47
    Itinerário bíblico-existencial ............................................... 49

1ª estação – A diferença entre ouvir ruídos e ouvir palavras..................49
2ª estação – O que acontece quando preferimos os ruídos e não os sons?..........51
3ª estação – Jesus, homem de coração silenciado e ouvidos atentos..............52

5. Construindo relacionamentos profundos a partir da escuta..........55
   Introdução..................55
   Itinerário bíblico-existencial..................56
   1ª estação – Pastor e ovelha. Uma relação profunda que se dá pelo ouvir...........57
   2ª estação – Mercenário: aquele que não ouve não é ouvido e traz destruição.. 59
   3ª estação – Ouvir para seguir. O seguimento de Jesus como ingresso
   numa relação de profundidade..................60

## 3º Sentido
## Tato

6. O milagre de um toque. O afeto como elemento restaurador............65
   Introdução..................66
   Itinerário bíblico-existencial..................66
   1ª estação – O sofrimento e a indiferença: dois lados de uma perversa moeda.. 67
   2ª estação – Atraída pelo ouvir, mas curada por um toque..................68
   3ª estação – A disponibilidade de tocar e ser tocado retira da margem
   os que sofrem os preconceitos e a indiferença..................69

7. Mãos estendidas para cuidar..................71
   Introdução..................72
   Itinerário bíblico-existencial..................72
   1ª estação – Expectativas daqueles que se aproximam de Jesus..................73
   2ª estação – Salvação e saúde. O toque como expressão de cuidado..................74
   3ª estação – Do toque à mesa. Cuidado como restauração da dignidade..........76

## 4º Sentido
## Paladar

8. O banquete está posto, e nós onde estamos?..................81
   Introdução..................81
   Itinerário bíblico-existencial..................82
   1ª estação – Aceitar ou não aceitar sentar à mesa com Jesus: eis a questão......83
   2ª estação – Com quem Jesus se sentou à mesa para comer?
   Esses foram os que aceitaram o convite para o banquete..................85

9. Jesus, comida para todos, caminho para alguns ................................. 89
   Introdução ................................................................................................. 89
   Itinerário bíblico-existencial ................................................................... 90
   1ª estação – O necessário pão que perece ............................................ 91
   2ª estação – Comamos o pão que não perece ...................................... 92

## 5º Sentido
## Olfato

10. A vida escondida entre dores e odores ............................................... 99
    Introdução .............................................................................................. 100
    Itinerário bíblico-existencial ................................................................. 101
    1ª estação – Estive doente e me visitaste ............................................ 102
    2ª estação – Na superação das barreiras está a afirmação da vida .... 103
    3ª estação – Enfrentando os piores odores para afirmar a vida ......... 104

11. Exalando o bom perfume da vida ....................................................... 107
    Introdução .............................................................................................. 108
    Itinerário bíblico-existencial ................................................................. 108
    1ª estação – Hum! Que cheiro bom de vida! ........................................ 109
    2ª estação – O perfume que exala de um coração agradecido ........... 110
    3ª estação – Ações perfumadas que beneficiam a muitos ................. 111

## 6º Sentido
## Intuição

12. A verdade entre a racionalização da Lei e a intuição da vontade
    de Deus ................................................................................................... 115
    Introdução .............................................................................................. 115
    Itinerário bíblico-existencial ................................................................. 117
    1ª estação – As limitações da racionalização doutrinária ................... 118
    2ª estação – A intuição como caminho para a essência da vontade de Deus .... 120

13. Fé e intuição na construção de uma vida nova ................................. 123
    Introdução .............................................................................................. 124
    Itinerário bíblico-existencial ................................................................. 124
    1ª estação – Fé e intuição como caminho para a integralidade da vida ........... 125
    2ª estação – Fé como fundamento de uma nova vida ......................... 127

Concluindo ................................................................................................... 131

# Apresentação

Com sensibilidade, delicadeza e acuidade intelectual o autor deseja introduzir o leitor numa experiência diferente na relação com Deus, uma vivência no "Mistério" que é Deus, processo que se chama "mistagogia", através de um itinerário realizado por uma espiritualidade que integra as diversas dimensões da pessoa: o afetivo, o sensível, o racional, o imaginário, a memória, por meio daquilo que nos é mais próximo: nosso próprio corpo, nossos seis sentidos, porque acrescenta à visão, à audição, ao tato, ao paladar, ao olfato, a intuição! Jesus é o Mestre que vai nos mostrando o caminho.

O original da reflexão é que ela apresenta como culto do "ser racional" a forte união entre corpo e mente, quando sempre consideramos a razão em oposição ao corpo. Fundamenta sua perspectiva em São Paulo: "Rogo-vos, pois, irmãos, pela compaixão de Deus, que apresenteis os vossos corpos em sacrifício vivo, santo e agradável a Deus, que é o vosso culto racional" (Rm 12,1).

Esta maneira de refletir está fundamentada na Teologia da Encarnação: "O Verbo se fez carne e habitou entre nós" (Jo 1,14), em que o Quarto Evangelho apresenta o Deus que se encarna, se faz corpo como o nosso, para nos ensinar a viver (cf. Fl 2,6-7; 2Cor 8,9), como seres humanos integrados. Jesus, Verbo, Palavra, poema, é nosso guia, Mestre dos sentidos, Mestre em todos os sentidos. Um homem que sente e expressa emoções. Para segui-lo não devemos utilizar apenas a mente e a vontade, mas também o coração (entendido como centro da pessoa), o olhar, o toque, o escutar, o comer junto, o chorar pela perda do amigo amado. Ele, por meio de seus encontros, gestos e palavras cheios de afeto e solidariedade, nos demonstra sua atenção e valorização às pessoas, especialmente àquelas mais sofridas, e nos chama, nos capacita a ser discípulo(a), que é algo que vai nos humanizar, nos tornar pessoas melhores e mais centradas e maduras, e é uma experiência para ser vivida por inteiro, dentro de nós e com os(as) outros(as), em todos os momentos da vida. Crer em Jesus e amar os irmãos são as duas faces da mesma moeda, e precisamos realizá-lo de forma muito concreta, não apenas com palavras, mas com gestos e sentimentos. Amar a Jesus é amar os(as) irmãos(as), eis o "caminho". Isto é o que pede a nós a Primeira Carta de João (cf. 1Jo 3,11-18.23). Se vivermos desta maneira, conseguiremos integrar as diferentes dimensões da existência humana e seremos pessoas felizes, realizadas e amadurecidas. Nós somos nosso corpo; através dele nos relacionamos com Deus, com as pessoas, com o mundo, com a natureza. Se temos consciência do sentido dos nossos corpos, temos que reconhecer que todo nosso conhecimento, que toda nossa experiência, inclusive a espiritual, tem o corpo como ponto de partida.

A metodologia articula poesia (que trabalha mais a beleza, a afetividade, o imaginário) com textos bíblicos e reflexões (que trabalham mais a palavra, a razão), unindo, desta forma, sentimento e conhecimento, sabor e saber temperados com beleza e delicadeza. Sem esquecer da necessária parte pedagógica que trabalha a compreensão, a memória, sempre numa dimensão afetiva, tão necessária para a fé, como o evangelista Lucas nos ensinou: "Maria guardava tudo no seu coração" (Lc 2,51).

O texto procura recuperar os significados originais das palavras, muitas vezes cobertos pela poeira dos tempos, e vai promovendo novas interpretações.

Este percurso mistagógico proposto pelo autor, que é o de ir refletindo sobre os diferentes sentidos, visão, audição, tato, paladar, olfato, intuição nos possibilitará um autoaprofundamento e uma maior interação com as pessoas numa experiência de amadurecimento da fé, e da vivência eclesial. Homens e mulheres inteiros, que pensam, e também sentem, se emocionam, vivem e, desta forma, podem se doar de forma mais intensa e efetiva.

Este caminho mais contemplativo, que valoriza a relacionalidade, o compreender através das relações, expande as dimensões da razão, estabelecendo alianças e conexões com as pessoas. E o compreender acontece no nível mais profundo da experiência humana, no estar junto na comunidade e na vida, tecendo novas formas de convivência, baseadas no respeito e no afeto, numa prática que nos revela um melhor conhecimento de nós mesmos e das pessoas, um amadurecimento da fé. Trata-se de uma nova ótica que redundará numa nova ética. Cada movimento de conversão proporciona novos olhares, ao qual segue o amor solidário, a busca da justiça, a vivência concreta da solidariedade. Viver uma espiritualidade integrada leva a uma ética do amor solidário.

Trata-se de um livro de espiritualidade, de uma escuta do Espírito Santo, própria para este nosso tempo. Ele, que opera a união, a comunhão, vai estabelecendo relações e conexões não somente dentro de nós – com nossa razão, emoção, sensibilidade, imaginação, memória – enfim, com toda nossa pessoa, mas também nos impulsiona a anunciar e testemunhar. Dessa forma, o Espírito nos inspira a sermos racionais com nossos corpos em inter-relação com os corpos dos(as) outros(as), na criação de novas relações que possam compor um novo tecido eclesial e social.

*Ana Maria Tepedino*
Professora do Departamento de Teologia da PUC-Rio e
coordenadora do curso de Teologia a Distância da mesma universidade.

# Prefácio

## Uma viagem pelos sentidos

Disse Camus que o ser humano é o único animal que se recusa a ser o que é. Há uma luta travada diuturnamente em nós. Luta que se alimenta dessa recusa sem fim de sermos o que realmente somos. Uma das raízes dessa recusa é a inimizade que nutrimos em relação aos sentidos do nosso próprio corpo.

Nosso corpo anseia pelo prazeroso e sagrado descanso, mas o vergamos sob o peso do trabalho inumano. Ele pede comida e água, mas nos perdemos em *entender as razões* de sua fome e de sua sede. Ele suplica um colo que o acolha e nutra, mas o desqualificamos por *entender* suas demandas como primais e pueris. Nosso corpo se encharca de comoção diante da criança perdida na rua, mas nossas mentes ruminam: "Se tivesse obedecido, não teria acontecido".

Há um soberano juiz a legislar dentro de nós e sobre nós mesmos. Tudo que nos acontece deve passar pelo filtro de sua razão. O problema é que esse soberano juiz é inimigo dos nossos sentidos. Tal legislador interno é amante dos espaços e campos de repouso e descanso, e, por isso mesmo, só dá razão ao que é inerte; de repente se depara com verdadeiros vulcões em movimento e ebulição: os nossos sentidos. Trata-se de um legislador semelhante a *um olho sem pálpebras* – para usar a expressão de Rubem Alves –, pronto a nos vigiar, punir e culpar.

Disse Jesus que, se nossos olhos fossem bons, todo nosso corpo seria bom. Ocorre que o olhar desse juiz legislador perdeu toda a transparência que lhe possibilitaria ver os nossos sentidos como realmente são. Há uma espécie de colírio do ideal, da perfeição, da pureza absoluta, que o faz ver de maneira nublada e distorcida todos os movimentos dos nossos afetos. Ou seja, nossos olhos não são bons. E, por isso mesmo, nossos corpos estão impedidos da experiência da bondade.

Mas quais as origens desse descompasso entre os olhos de uma alma que se quer pura e perfeita e esse corpo cheio de buracos e retalhos de imperfeição? Por que somos tão cruéis com nossos sentidos? Que razoabilidade soberana é essa que nos impede de ouvir, sentir, ver, tocar e intuir com confiança as mensagens de nossos afetos, de nossos sentimentos?

O teólogo Leonardo Boff tem sido um profeta incansável em apontar as nefastas consequências do divórcio entre razão e cuidado, inteligência e sensibilidade. Para o teólogo católico, uma lembrança deveria nortear a busca de uma razoabilidade mais afeita à nossa ancestralidade: somos *mamíferos racionais*. A razão é uma descoberta recentíssima na história de nossa presença neste planeta. Somos fundamentalmente afetivos, seres do eterno desmame.

A espiritualidade bíblica é profundamente afetiva. A racionalidade dos escritos bíblicos tem sempre como transfundo a polifonia dos sentidos. Desde os poemas da criação, passando pelo irascível e sororal profetismo, percorrendo a deleitosa sabedoria dos Escritos, os sons e cores do corpo humano fulguram na imaginação bíblica. Até mesmo nas páginas ditas historiográficas, como aquelas que descrevem os arranjos do templo, os sentidos humanos aparecem em todo o seu vigor.

Trata-se de uma espiritualidade que hoje chamaríamos de integral. Palavra que encontramos para expressar a força do *shalom* judaico. Por essa perspectiva, a santidade da vida diz respeito, sobretudo, a sua inteireza. "Sede inteiros, plenos, como inteiro é o vosso Pai."

Jesus de Nazaré encarna essa espiritualidade. Nele estão presentes todos os sentidos da vida. Nada se escamoteia em nome de uma pretensa *razão nobre e soberana*. Jesus sente a vida, dança a vida, pulsa com a vida e, por isso mesmo, é transformado por ela, ao mesmo tempo que a transforma. Jesus não é um expectador da vida, é sim um *operário* desta vida querida e ansiada pelo Pai. Nesse sentido, as palavras de Jesus estão sempre encharcadas de afeto, afogadas no que Jon Sobrino chamou de *princípio misericórdia*.

O livro de Alessandro nos lança nesta teia viva da *espiritualidade encarnada* de Jesus. A jovialidade deste doutorando em Teologia parece contrastar com a sabedoria que seus dedos comunicam, ao escrever como um sábio na *Ars Vivendi*. O vigor da espiritualidade integral de Jesus de Nazaré transparece em sua escrita. Alessandro visita as páginas dos Evangelhos em interlocução constante com os profetas e poetas do nosso tempo e, em razão disso, despeja uma dose grande de vitalidade nos escritos teológicos contemporâneos tão esquecidos das *inutilezas* dos sentidos.

Ele nos convida a uma viagem. Uma viagem na qual bailemos com o Espírito, não acima dos nossos sentidos, mas na face deles, a partir deles. O itinerário desta aventura é o nosso próprio corpo. A bússola deste percurso é a experiência da Palavra que se fez afeto: Jesus de Nazaré. O alvo desta viagem é aquele que aceita, conhece e celebra nossos sentidos mais do que nós mesmos: Deus.

*Edson Fernando de Almeida*
Doutor em Teologia pela PUC-Rio.
Pastor da Igreja Cristã de Ipanema.

# Diante de Deus de corpo e mente. Isso é ser racional

[...] Procuro dizer o que sinto
Sem pensar em que o sinto.
Procuro encostar as palavras à ideia
E não precisar dum corredor
Do pensamento para as palavras.

Nem sempre consigo sentir o que sei que devo sentir.
O meu pensamento só muito devagar
atravessa o rio a nado
Porque lhe pesa o fato de que os homens o fizeram usar.

Procuro despir-me do que aprendi,
Procuro esquecer-me do modo de lembrar
que me ensinaram,
E raspar a tinta com que me pintaram os sentidos,
Desencaixotar as minhas emoções verdadeiras,
Desembrulhar-me e ser eu, não Alberto Caeiro,
Mas um animal humano que a Natureza produziu.

E assim escrevo, querendo sentir a Natureza,
nem sequer como um homem,
Mas como quem sente a Natureza, e mais nada.
E assim escrevo, ora bem ora mal,
Ora acertando com o que quero dizer, ora errando,
Caindo aqui, levantando-me acolá,
Mas indo sempre no meu caminho
como um cego teimoso...

(Alberto Caeiro, *O guardador de rebanhos*)

## Introdução

"Procuro despir-me do que aprendi, procuro esquecer-me do modo de lembrar que me ensinaram, e raspar a tinta com que me pintaram os sentidos." Essa imagem da tinta que cobre o que antes era uma outra coisa é bem adequada ao que gostaria de refletir junto com vocês. Quem mora em uma casa mais antiga compreende perfeitamente o que o poeta está dizendo: se rasparmos uma parede que já foi pintada várias vezes, descobriremos de quantas cores ela foi coberta; porém, se usarmos de paciência e dedicação poderemos chegar àquela cor primeira que lhe adornou quando foi erguida.

As palavras são assim! Ao longo da história vão ganhando sucessivas camadas de tinta e com isso se revestindo de significados diferentes daqueles que tinham originalmente. Olhe só o exemplo da palavra *mordomia*, que originalmente era relacionada à administração da casa, e hoje se refere a privilégios. Estas mudanças estão ligadas aos valores culturais de cada tempo e aos interesses e hábitos das pessoas nos vários momentos da história. Nesse sentido, se quisermos nos aproximar do significado original de certas palavras precisaremos "esquecer do modo de lembrar que nos ensinaram", ou seja, raspar as tintas colocadas sobre as palavras, para de forma admirada perceber o colorido original delas. Somente superando certos conceitos acerca de determinadas palavras poderemos conhecê-las em sua profundidade. Como disse T. S. Eliot:

> O conhecimento do movimento, mas não da tranquilidade;
> [...] O conhecimento das palavras e a ignorância da Palavra.
> Todo o nosso conhecimento nos leva para mais perto da nossa ignorância,
> toda a nossa ignorância nos leva para mais perto da morte.

## Itinerário bíblico-existencial

> Rogo-vos, pois, irmãos, pela compaixão de Deus, que apresenteis os *vossos corpos* em sacrifício vivo, santo e agradável a Deus, que é o vosso *culto racional* (Rm 12,1).

Diante de Deus de corpo e mente. Isso é ser racional

Esta mesma dinâmica, de "esquecer para lembrar", deve ser aplicada ao texto bíblico se quisermos conhecer a profundidade de certas expressões, bem como aquilo que elas propunham originalmente. O exemplo que quero partilhar neste capítulo é a expressão *culto racional*. Da mesma forma que as demais expressões, esta também recebeu camadas de tinta ao longo da história. O que proponho é que, com paciência e dedicação, raspemos essas camadas e nos admiremos com o brilho da antiga tinta. Nesse sentido, devemos nos aliar à suplica do teólogo que diz:

> Livra-nos, bom Senhor,
> de todos os antigos manuscritos
> e faz que teu profeta
> faça de novo todos os escritos.
>
> As nossas mãos com luvas de amianto
> carregam documentos e venenos.
>
> O grupo coral da igreja renovada
> repete uma canção já desgastada.
>
> Livra-nos, bom Senhor,
> de toda essa infeliz repetição.
>
> Envia o teu profeta
> para acionar o pêndulo da espera.
>
> Livra-nos, bom Senhor,
> de todos os invólucros.
>
> (Jaci Maraschin, *Rastro de São Mateus*)

## 1ª estação – Raspando tintas que escurecem a casa

> Rogo-vos, pois, irmãos, pela compaixão de Deus, que apresenteis os vossos corpos em sacrifício vivo, santo e agradável a Deus, que é o vosso *culto racional* (Rm 12,1).

Este belo texto da Carta aos Romanos é um bom exemplo de como uma palavra pode ser mudada ao longo da história, podendo mesmo ser

21

desvirtuada de seu significado mais profundo. Em nossa cultura, a palavra "racional" faz lembrar coisas ligadas à cabeça, ao cérebro, à atividade intelectual. Vejamos o que diz o dicionário: "Racional. 1. dotado de razão; 2. que se concebe segundo a razão; 3. fundado em procedimento científico". Estes são os significados que conhecemos e usamos para tal palavra quando a lemos na Bíblia, ou falamos na Igreja sobre ela.

O problema de utilizarmos essa compreensão do que seja racional para interpretar a palavra "racional" que aparece no texto de Romanos (vosso culto racional) é que acabamos acreditando que o texto na época em que foi escrito já tinha tal compreensão. O perigo fica ainda maior quando notamos que o sentido dessa palavra para Paulo era completamente diferente do sentido que usamos hoje. Dessa forma, quando projetamos para o texto de Romanos o sentido que a palavra "racional" tem para nós, hoje, impedimos que nós e os outros conheçamos aquele sentido mais profundo que o texto bíblico quer nos comunicar.

Que significado tem a palavra "racional" no texto de Romanos? Se compararmos as diversas traduções da Bíblia, veremos que em algumas delas a expressão "culto racional" é também traduzida por "culto espiritual". De qualquer forma, a compreensão do que seja culto racional deve estar diretamente ligada ao início do versículo: "Rogo-vos, pois, irmãos, pela compaixão de Deus, que apresenteis os vossos corpos em sacrifício vivo, santo e agradável a Deus [...]". Um culto racional ou espiritual é aquele culto consciente que é realizado como entrega de toda a existência (que Paulo representa com a expressão "vossos corpos") ao serviço de Deus e dos outros. Esse culto é o único que o texto diz ser "agradável a Deus". Nesse sentido, culto racional não é nem somente uma reunião ordeira livre de sentimentos, nem um encontro organizado pelas capacidades intelectuais do ser humano; antes, é a entrega consciente, portanto, espontânea, de todas as dimensões da existência ao serviço do Reino de Deus, seja o serviço religioso, seja o social, o cultural, o ético etc.

Bem, há uma enorme diferença entre interpretarmos o culto racional a partir do que se compreende hoje por racional e interpretarmos segundo a compreensão que nos oferece o texto de Romanos. Quem sabe a maior dessas diferenças seja aquela que diz respeito ao quanto de nossa existência está envolvido no culto que prestamos a Deus.

## 2ª estação – Só a cabeça, ou toda a existência?

Rogo-vos, pois, irmãos, pela compaixão de Deus, que apresenteis os *vossos corpos* em sacrifício vivo, santo e agradável a Deus, que é o vosso culto racional (Rm 12,1).

> "Um dia veremos a Deus com nossa carne."
> Nem é o Espírito quem sabe,
> é o corpo mesmo,
> o ouvido,
> o canal lacrimal,
> o peito aprendendo:
> respirar é difícil.
>
> (Adélia Prado, *Gregoriano*)

Para a definição de "racional" que temos hoje, radicalmente influenciada pelo endeusamento da ciência que nos marca, a única coisa que realmente interessa para uma vida madura é a razão que se expressa pela cabeça. Por sua vez, na compreensão do que seja "racional" apresentada pelo texto de Romanos, importa todo o corpo e não somente a cabeça. Nosso culto, que é a própria vida entregue em sacrifício a Deus, deve ser realizado por toda a nossa existência, e nela, com todos os sentidos. A compreensão bíblica sobre o que é ser "racional" é bastante superior daquela que conhecemos hoje, exatamente porque nos permite ser íntegros, inteiros diante de Deus e da vida. Não precisamos reprimir nossos sentidos e sentimentos para expressarmos nosso culto racional, antes, só podemos fazê-lo à medida que conseguimos integrar tudo o que somos em nossos atos, tanto dirigidos a Deus, quanto aos nossos irmãos e irmãs de caminhada existencial. Para isso podemos orar como Santo Agostinho:

> Senhor:
> Chamaste-me.
> Gritaste-me...
> Até quebrantar minha surdez.
> Fulguraste-me.
> Deslumbrou-me teu resplendor...
> Até que, por fim,
> curaste minha cegueira.
> Expiraste sobre mim teu hálito.
> Respirei-Te...
> E agora Te desejo.
> Acariciaste-me...
> Ardo em desejos...
>
> (Santo Agostinho, *Confissões*)

Todo o nosso corpo deve ser comprometido na prática de nossa fé. Essa é a grande novidade do Cristianismo: Deus assumiu nosso corpo. Em Cristo todos os sentidos humanos ganham caráter sagrado: o toque, a visão, o paladar, a audição e o olfato transformam-se em canais do cuidado e do carinho de Deus. Apresentar nossos corpos a Deus é, nesse sentido, nos converter total e conscientemente ao jeito divino de expressar-se, ao próprio estilo de vida de Jesus. Ser racional com todo o corpo e, não somente com a cabeça, é absolutamente superior a qualquer tentativa racionalista quer científica, quer ainda doutrinária. Segundo o que diz o texto que estamos partilhando, assumindo e oferecendo todas as dimensões de nossa existência prestamos a Deus aquilo que ele espera e que lhe é agradável. Isso é levar a sério o movimento rumo à corporeidade que o próprio Deus fez.

Diante de Deus de corpo e mente. Isso é ser racional

> Deus nos fez corpos. Deus fez-se corpo. Encarnou-se.
> Corpo: imagem de Deus.
> Corpo: nosso destino, destino de Deus.
> Isto é bom.
> Eterna divina solidariedade com a carne humana.
> Nada mais digno.
> O corpo não está destinado a elevar-se a espírito.
> É o Espírito que escolhe fazer-se visível, no corpo.
> Corpo; realização do Espírito: suas mãos, seus olhos, suas palavras, seus gestos de amor...
> Corpo: ventre onde Deus se forma. Maria, grávida, Jesus, feto silencioso, à espera, protegido, no calor das entranhas de uma mulher.
> Jesus: corpo de Deus entre nós,
> corpo que se dá aos homens,
> corpo para os corpos, como carne e sangue, pão e vinho.
>
> (Rubem Alves, *Creio na ressurreição do corpo*)

É preciso, portanto, raspar sem medo essa tinta racionalista colocada sobre o que é ser integralmente racional (racional com todo o corpo). Isso exige, porém, um passo de maturidade que nos pode levar ao encontro daquilo que realmente somos, homens e mulheres inteiros, que pensam, que sentem, que se emocionam, em suma, que vivem. Esse passo de maturidade o poeta chamou de "Desencaixotar as minhas emoções verdadeiras, Desembrulhar-me e ser eu". Nós, ao longo de toda a nossa reflexão, identificaremos essa caminhada de maturidade com a recuperação e valorização dos nossos sentidos (visão, tato, olfato, paladar, audição e intuição), a fim de assumirmos nossa vocação à integralidade. Também nós, portanto, vamos desencaixotar aquilo que somos e que ficou perdido nas trilhas do racionalismo.

Com isso faremos, como diz a poetisa, uma mistura bem amassada de prosa e poesia, tentando propor um itinerário espiritual que integre os rigores da mente e os arroubos do coração, mas, também, os arroubos da mente e os rigores do coração. De qualquer forma, depois de bem amassado, não dá mesmo para diferenciar uns dos outros...

> Aqui, nesta cozinha
> com as janelas abertas pro quintal
> eu faço pães e os meus poemas.
> Misturo na madeira desta mesa
> amassada sem pressa, vagamente
> pelos anos dos dedos da avó
> a farinha de trigo e as palavras.
> Levo tudo ao forno quando em brasa
> e por isso os meus pães, como os poemas,
> devem ser comidos ainda quentes.
>
> (Adélia Prado, *Lembranças de uma conversa sobre o fim do mundo*).

## *Passos a serem dados*

- Escreva numa folha de papel qual é sua definição da palavra racional e qual é a importância que você dá a ela.

- Levando em consideração a interpretação de culto racional como sendo um movimento de todo o corpo, e não somente da cabeça, como deveria ser a vivência da fé cristã?

- Que consequência para a vida e para a Igreja traz a integração da corporeidade na vivência da fé?

# 1º Sentido
# Visão

> Pra gente aqui sê poeta,
> E fazê rima compreta,
> Não precisa professô.
> Basta vê, no mês de maio,
> Um poema em cada gaio,
> E um verso em cada fulô.
>
> (Patativa do Assaré, *Cante lá que eu canto cá*)

# Há vida e há morte entre olhos e olhares

> Num meio-dia de fim de Primavera
> Tive um sonho como uma fotografia.
> Vi Jesus Cristo descer à terra [...]
>
> A mim ensinou-me tudo.
> Ensinou-me a olhar para as coisas.
> Aponta-me todas as coisas que há nas flores.
> Mostra-me como as pedras são engraçadas
> Quando a gente as tem na mão
> E olha devagar para elas.
>
> (Alberto Caeiro, *O guardador de rebanhos*)

## Introdução

Sentado num belo campo, olhando a beleza a sua volta, tanto aquela expressada na natureza, quanto no rosto de homens e mulheres que o ouviam, Jesus ensinou uma de suas mais profundas lições. Ele disse: "Os olhos são a candeia do corpo. Se os seus olhos forem bons, todo o seu corpo será cheio de luz". Para completar essa lição, ele continuou: "Mas se os seus olhos forem maus, todo o seu corpo será cheio de trevas" (Mt 6,22-23). Os olhos podem ser bons ou maus, serem geradores de luz ou de sombras!

Nossos olhos são as janelas pelas quais tomamos contato com a realidade. Do ponto de vista biológico podemos explicar como é que captamos pelo olhar a realidade que nos cerca. Todos aqueles que gozam de saúde nos órgãos ligados à visão já nascem com essa espetacular capacidade. Porém, o que Jesus estava dizendo sobre os olhos serem bons ou maus, não pode ser compreendido no nível biológico. A capacidade de ver o mundo e as pessoas, inclusive a si mesmo, de forma positiva ou negativa, não pode ser localizada em um de nossos órgãos; ela não é natural em nós, mas aprendida.

Quantas vezes diante de certo acontecimento ou pessoa nossos olhos se turvam escurecendo todas as nossas palavras e atitudes dirigidas àquilo e àqueles que estamos vendo. Há experiências acumuladas em nossa mente e coração que esclarecem ou escurecem nossos olhos ante situações que se apresentam diante de nós. Preconceitos, traumas, heranças familiares e tantas outras coisas, agem em nós de forma impressionante, determinando a forma com que olhamos aquilo que nos cerca.

O que tem jorrado de nossos olhos e olhares, vida ou morte? O que tem nos cercado, luz ou sombra? Certamente aquilo que tem saído de nossos olhos corresponde ao que tem inundado a nossa alma. Alberto Caeiro em seu belo poema diz que Jesus o "ensinou a olhar para as coisas". Na dinâmica própria da poesia ele nos apresenta o que o próprio Jesus nos revela quando diz: "aprendei de mim...". Jesus nos convida a educarmos nossos sentidos, nesse momento, sobretudo o da visão.

## Itinerário bíblico-existencial

Enquanto ele ainda falava, apareceu uma multidão conduzida por Judas, um dos Doze. Este se aproximou de Jesus para saudá-lo com um beijo. Mas Jesus lhe perguntou: "Judas, com um beijo você está traindo o Filho do homem?". Ao verem o que ia acontecer, os que estavam com Jesus lhe disseram: "Senhor, atacaremos com espadas?". E um deles feriu o servo do

Há vida e há morte entre olhos e olhares

sumo sacerdote, decepando-lhe a orelha direita. Jesus, porém, respondeu: "Basta!". E tocando na orelha do homem, ele o curou [...] Então, prendendo-o, levaram-no para a casa do sumo sacerdote. *Pedro os seguia à distância*. Mas, quando acenderam um fogo no meio do pátio e se sentaram ao redor dele, Pedro sentou-se com eles. *Uma criada o viu* sentado ali à luz do fogo. *Olhou fixamente para ele e disse*: "Este homem estava com ele". Mas ele negou: "Mulher, não o conheço". Pouco depois, *um homem o viu* e disse: "Você também é um deles". "Homem, não sou!", respondeu Pedro. Cerca de uma hora mais tarde, outro afirmou: "Certamente este homem estava com ele, pois é Galileu". Pedro respondeu: "Homem, não sei do que você está falando!". Falava ele ainda, quando o galo cantou. *O Senhor voltou-se e olhou diretamente para Pedro*. Então Pedro se lembrou da palavra que o Senhor lhe tinha dito: "Antes que o galo cante hoje, você me negará três vezes". Saindo dali, chorou amargamente (Lc 22,47-62).

O texto referido revela uma multiplicidade de olhares, cada um marcado por sua própria história, por suas dores, por luzes e sombras. O primeiro é o olhar de Pedro que de longe olhava o Mestre que tanto desejava a presença próxima de um amigo; o segundo é formado pelos olhares daqueles que denunciavam o que o coração de Pedro não queria aceitar; e o terceiro é o olhar de Jesus que com liberdade pode encarar diretamente Pedro desvelando seu coração e salvando-o de suas sombras.

Esses múltiplos olhares estão colocados numa dinâmica que quer mostrar o coração do Mestre Jesus e do discípulo Pedro. Corações que se dão ao conhecimento ao longo de todo o texto pelos olhos distantes de um coração cheio de sombra e de morte e pelos olhos presentes de um coração iluminado e cheio de vida. Vamos *olhar* com atenção, como quem quer *ver* de verdade, essa dança dramática de olhares.

> Não basta abrir a janela
> Para ver os campos e o rio.
> Não é bastante não ser cego
> Para ver as árvores e as flores.

31

> É preciso também não ter filosofia nenhuma.
> Com filosofia não há árvores: há ideias apenas.
> Há só cada um de nós, como uma cave.
> Há só uma janela fechada, e todo o mundo lá fora;
> E um sonho do que se poderia ver se a janela se abrisse,
> Que nunca é o que se vê quando se abre a janela.
>
> (Alberto Caeiro, *Poemas inconjuntos*)

## 1ª estação – Olhares distantes, corações acovardados!

Esse texto que narra a dramática prisão de Jesus é cheio de gestos carregados de significado. Jesus é traído por um beijo, um dos discípulos corta a orelha de um soldado com uma faca, com as mãos Jesus enxerta a orelha do soldado, agarrado pelos braços Jesus é levado para ser julgado. Em meio a tantos gestos, vale a pena voltarmos a atenção para um em especial: aquele praticado por Pedro quando Jesus era levado para a casa do sumo sacerdote:

> Então, prendendo-o, levaram-no para a casa do sumo sacerdote. Pedro os seguia à distância.

Pedro os seguia à distância. Esse é o gesto que inaugura o jogo de olhares que nosso texto revela. Pedro era há cerca de três anos um discípulo de Jesus. Hoje nós podemos correr o risco de não compreender o que significa ser discípulo; estamos acostumados a nos identificar como membros dessa ou daquela Igreja. Do ponto de vista gramatical, mas também teológico, trocamos a expressão "seguimento de Jesus" por "crentes desta ou daquela denominação". Isso faz uma enorme diferença quando olhamos e interpretamos um texto como este.

Um discípulo nos dias de Jesus era alguém que caminhava junto com seu mestre, e toda a relação de aprendizado se dava ao longo de

Há vida e há morte entre olhos e olhares

uma vida compartilhada, onde discípulo e mestre conviviam (viviam uns com os outros). Nesse sentido, podemos compreender melhor o que estava acontecendo com Pedro quando o texto diz que ele seguia Jesus à distância. A relação de discipulado havia sido quebrada. Eles, por vontade de Pedro e de seu coração mergulhado nas sombras do medo, não conviviam mais.

Os olhares distantes de Pedro denunciam quanta sombra havia em seu coração naquele momento, quanta dúvida acerca daquela decisão que tomara há alguns anos quando Jesus viu os dois irmãos: Simão, chamado Pedro, e seu irmão André. Eles estavam lançando redes ao mar, pois eram pescadores. E disse Jesus: "Sigam-me, e eu os farei pescadores de homens" (Mt 4,18-19). Ao se colocar olhando de longe para aquele que havia lhe chamado para viver próximo a ele, Pedro mergulha seu coração em águas mais sombrias do que aquelas onde quase se afogara após retirar seus olhos do Mestre que o convidava a caminhar com ele sobre os mares revoltosos. Um olhar que renuncia a proximidade do seguimento enche de sombra e covardia o coração de qualquer discípulo, de Pedro ou de qualquer um de nós!

## 2ª estação – Olhos que nos acusam de nossas sombras e covardias

O segundo olhar que o texto que estamos partilhando nos revela é aquele que é composto pelos olhares dos denunciadores do coração sombrio do discípulo de olhos distantes. Você já teve a impressão de estar sendo acusado por alguém que lança um olhar daqueles que atravessam os esconderijos da alma? Parece até que a pessoa que nos está olhando sabe de alguma coisa que só nós sabemos. Alguma coisa parecida com essa foi o que Pedro experimentou naquela noite à beira da fogueira.

33

> Quando acenderam um fogo no meio do pátio e se sentaram ao redor dele, Pedro sentou-se com eles. Uma criada o viu [...] Olhou fixamente para ele e disse: "Este homem estava com ele" [...]. Pouco depois, um homem o viu e disse: "Você também é um deles".

A tentativa de Pedro de se fazer passar por aquilo que ele não era, sentando-se ao redor de uma fogueira para buscar distração e justificação para sua fuga do Mestre e de si mesmo, foi rapidamente frustrada por aqueles que, olhando para ele, o identificam com o que ele realmente era, mas estava tentando não ser mais. Pedro era discípulo, era um seguidor. Um homem que ao longo das experiências da vida partilhada com Jesus foi sendo iluminado nas sombras de seu coração. Sua tentativa de encontrar uma nova luz na fogueira daquele pátio de fuga foi interrompida pelos olhares devastadores e pedagógicos daqueles que diziam: "'Este homem estava com ele' [...]. 'Você também é um deles'".

## 3ª estação – Um olhar livre e libertador!

O olhar pleno, carregado de liberdade e capaz de libertar-nos de nossos olhares distantes, é aquele lançado pelo Mestre. Mesmo estando num momento de angústia, sentindo-se abandonado por seus amigos, Jesus mantém seu coração iluminado, permanecendo capaz de comunicar vida a Pedro com apenas um olhar direto:

> O Senhor voltou-se e olhou diretamente para Pedro. Então Pedro [...] saindo dali, chorou amargamente.

O olhar direto de Jesus revela a integridade de seu coração. Mesmo tendo mudado o olhar de Pedro com relação a ele, Jesus não muda seu olhar em relação a Pedro. O olhar do Mestre, tantas vezes experimentado por Pedro, conduz o discípulo a um reencontro consigo mesmo e com o Mestre. O choro amargo o retira daquela condição de espectador distante da paixão de Jesus e o recoloca na dinâmica do discipulado.

Nos olhos e olhares de Jesus, do mesmo Jesus poetizado por Alberto Caeiro que ensina a ver de novo todas as coisas, há vida e vitalidade para transformar a morte e as sombras dos olhares distantes que por vezes tentamos lançar, distanciando-nos do Mestre e, sobretudo, de nós mesmos.

> Tornam-nos pequenos porque nos tiram o que nossos olhos nos podem dar,
> E tornam-nos pobres porque a nossa única riqueza é ver.
>
> (Alberto Caeiro, *Da minha aldeia*)

## *Passos a serem dados*

- Qual tem sido o papel da Igreja no desenvolvimento de uma vida de seguimento de Jesus?
- Reserve um tempo para meditar em sua vida e responda: o que seus olhos têm revelado, luz ou sombras?
- Como discípulo ou discípula de Jesus, você o tem seguido ou o observado de longe?

# 3
# Olhos abertos pelo Pão e pela Palavra

Onde estão os teus olhos – onde estão? Oh, milagre de
amor que escorres dos meus olhos!
Na água iluminada dos rios da lua eu os vi descendo e
passando e fugindo
Iam como as estrelas da manhã [...].
Onde ocultar minha dor se os teus olhos estão dormindo?

(Vinicius de Moraes, *Sonata do amor perdido*)

Ela levantou-se, deitou no divã e disse: "Acho que estou ficando louca". Eu fiquei em silêncio, aguardando que ela revelasse os sinais da sua loucura. "Um dos meus prazeres é cozinhar. Vou para a cozinha, corto as cebolas [...]. Aconteceu, entretanto, faz uns dias, eu fui para a cozinha para fazer aquilo que fizera centenas de vezes: cortar cebolas [...]. Entretanto, cortada a cebola, eu olhei para ela e tive um susto. Percebi que nunca havia visto uma cebola. Aqueles anéis perfeitamente ajustados, a luz se refletindo neles: tive a impressão de estar vendo a rosácea de um vitral de catedral gótica. De repente a cebola, de objeto a ser comido, se transformou em obra de arte a ser vista!".
[...] Ela se calou, esperando o meu diagnóstico. Eu me levantei, fui até a estante de livros e de lá retirei as *Odes elementares,* de Pablo Neruda. Procurei a "Ode à cebola" e lhe disse: "Essa perturbação ocular que a acometeu é comum entre os poetas [...]. Você ganhou olhos de poeta... Os poetas ensinam a ver".

(Rubem Alves, *Educação dos sentidos*)

## Introdução

No texto anterior, estávamos partilhando como o olhar de Jesus é cheio de vida e capaz de vivificar os corações cansados de homens e mulheres que o querem seguir, mas hesitam diante das dificuldades e das fugas que fazemos de nós mesmos e dos olhos do Mestre. Vimos como os olhos e olhares de Jesus tiraram o coração de Pedro da morte e da angústia, colocando-o novamente na luminosidade do seguimento de seu Mestre.

Nesse momento gostaria de convidar você para juntos mudarmos nosso foco dos olhos curadores de Jesus, para os olhos e olhares desesperançados de dois discípulos que, após a morte do Mestre de Nazaré, iam ao longo do caminho numa noite escura de volta para suas casas em Emaús. Observar como a desesperança daqueles olhos foram se transformando em confiança e força para testemunhar. Observar quais os elementos utilizados por Jesus para conduzir aqueles discípulos por seus êxodos, que os levariam da escravidão da desesperança para a confiança no Ressuscitado.

## Itinerário bíblico-existencial

> Naquele mesmo dia, dois deles estavam indo para um povoado, chamado Emaús, a onze quilômetros de Jerusalém. No caminho, conversavam a respeito de tudo o que havia acontecido. Enquanto conversavam e discutiam, o próprio Jesus se aproximou e começou a caminhar com eles, *mas os olhos deles foram impedidos de reconhecê-lo* [...]. Ao se aproximarem do povoado para o qual estavam indo, Jesus fez como quem ia mais adiante. Mas eles insistiram muito com ele: "Fique conosco, pois a noite já vem; o dia já está quase findando". Então, ele entrou para ficar com eles. Quando estava à mesa com eles, *tomou o pão*, deu graças, partiu-o e o deu a eles. *Então os olhos deles foram abertos e o reconheceram*, e ele desapareceu da vista deles. Perguntaram-se um ao outro: "Não estava

Olhos abertos pelo Pão e pela Palavra

queimando o nosso coração, enquanto ele nos falava no caminho e *nos expunha as Escrituras?*". Levantaram-se e voltaram imediatamente para Jerusalém. Ali encontraram os Onze e os que estavam com eles reunidos, que diziam: "É verdade! O Senhor ressuscitou e apareceu a Simão!" (Lc 24,13-35).

Adélia Prado disse certa vez: "Deus de vez em quando me tira a poesia. Olho para uma pedra e vejo uma pedra". Parafraseando a poetisa, podemos dizer que de vez em quando nos é tirado algo que não nos permite ver a realidade em sua profundidade, mesmo permanecendo com nossos olhos perfeitos do ponto de vista biológico. É verdade, há muitas pessoas de visão perfeita que nada veem! Alberto Caeiro, em *Poemas inconjuntos*, diz que: "Não basta abrir a janela para ver os campos e o rio. Não é bastante não ser cego para ver as árvores e as flores". Os olhos dos dois discípulos de Emaús se encontravam exatamente como os de Adélia sem a poesia, e os de Caeiro diante do óbvio que não se consegue ver. Eles estavam diante do Mestre com os olhos nos próprios corações mergulhados no desespero.

# 1ª estação – Olhos incapacitados pela desesperança do coração

> Enquanto conversavam e discutiam, o próprio Jesus se aproximou e começou a caminhar com eles; mas os olhos deles foram impedidos de reconhecê-lo (Lc 24,15-16).

"Os olhos deles foram impedidos de reconhecê-lo." Os olhos dos discípulos foram impedidos pelo quê? Certamente o que os impedia de ver com o coração aquele que estavam vendo diante de seus olhos era a desesperança que tomara conta de suas vidas. Essa desesperança crescia à medida que seus pensamentos estavam presos àquilo que havia acontecido com Jesus antes de sua ressurreição. Seus olhos estavam postos nas experiências de morte e perseguição que eles testemunharam: "No caminho, conversavam a respeito de tudo o que havia acontecido" (Lc 24,14). Todas as vezes que pousamos nossos olhos sobre o desespero ficamos como que sem poesia e não conseguimos ver nada mais que morte e desespero. Por isso a Escritura nos diz para "trazer à memória o que dá esperança".

O lugar onde guardamos nossos olhos faz muita diferença! Se cultivarmos o hábito de nos voltar continuamente para as experiências fracassadas de nossa vida, nossos olhos serão atrofiados numa espécie de daltonismo, a vida vai perdendo as cores e os sabores. É como aquele desenho infantil em que a hiena (que deveria naturalmente viver rindo) vive a repetir seu bordão: "Oh dia, oh azar, oh vida!". Se, ao contrário, guardarmos nossos olhos nas esperanças do viver, aí nossos corações serão tomados por um novo horizonte onde vale a pena construir projetos de felicidade. Como diz o escritor de Eclesiastes: "O homem sábio tem olhos que enxergam, mas o tolo anda nas trevas" (Ecl 2,14).

Não era por falta de opção que aqueles homens se encontravam em tamanha desesperança; havia, além das lembranças da morte de Jesus, o testemunho das mulheres que tinham visto Jesus ressuscitado. Por que eles preferiram ficar com as próprias lembranças e não com o testemunho das mulheres?

## 2ª estação – O que outros olhos veem não garante minha própria visão

> Algumas das mulheres entre nós nos deram um susto hoje. Foram de manhã bem cedo ao sepulcro e não acharam o corpo dele. Voltaram e nos contaram ter tido uma visão de anjos, que disseram que ele está

*Olhos abertos pelo Pão e pela Palavra*

vivo. Alguns dos nossos companheiros foram ao sepulcro e encontraram tudo exatamente como as mulheres tinham dito, mas não o viram (Lc 24,22-24).

As opções para as quais os discípulos podiam lançar seus olhos eram múltiplas. Nos últimos dias muitas coisas tinham acontecido. Jesus havia sido preso, julgado e morto; ele, após ter ressuscitado, aparecera às mulheres; elas contaram o que viram aos outros discípulos; eles foram ao sepulcro para conferir o que as mulheres disseram... Tudo isso foi narrado pelos dois discípulos naquele caminho longo que percorriam retornando ao que eram antes de se encontrarem com Jesus. Outros olhos, além dos seus próprios, já tinham visto aquilo que podia evitar tanto sofrimento e desespero. Por que eles escolheram fixar seus olhares sobre os aspectos negativos e não sobre os positivos? Aqui há uma pergunta que cabe também a nós: por que nossos olhos tendem a pousar sobre os aspectos negativos da vida, quando teríamos tantos outros positivos para os quais olhar e que outras pessoas ao nosso lado veem tão bem?

O que parece é que aquilo que os outros veem não serve para nos convencer existencialmente. É necessário que nós mesmos tenhamos uma experiência a fim de que nossos olhos se voltem para aquilo que poderia ser tão óbvio para o outro, mas não para nós. Isso foi o que aconteceu com aqueles dois discípulos de Emaús. Jesus mesmo providenciou os elementos para que eles fizessem a experiência da sua ressurreição.

> Busca a sua Beleza na beleza
> e segue intrépido, sem vacilar.
>
> A Sua imagem aquieta o coração.
> Sorri a alma e cessa o sofrimento.
>
> A luz emana de seu rosto claro
> e olhos de lua; que sabem os cegos?
>
> (Rûmî, *Busca a sua Beleza na beleza*)

41

## 3ª estação – O Pão, a Palavra e os olhos abertos

> Então, ele entrou para ficar com eles. Quando estava à mesa com eles, tomou o pão, deu graças, partiu-o e o deu a eles. Então os olhos deles foram abertos e o reconheceram, e ele desapareceu da vista deles. Perguntaram-se um ao outro: "Não estava queimando o nosso coração, enquanto ele nos falava no caminho e nos expunha as Escrituras?".

Há circunstâncias providenciadas pela vida que nos fazem ver com mais nitidez aquilo que antes não víamos, senão de forma obscurecida. Vinicius de Moraes, em um de seus mais belos poemas, retrata um desses momentos maravilhosos onde olhos se abrem para ver a esperança da vida. O poema *O operário em construção* guarda enorme semelhança com o texto dos discípulos de Emaús.

> Era ele que erguia casas
> Onde antes só havia chão.
> Como um pássaro sem asas
> Ele subia com as casas
> Que lhe brotavam da mão.
> Mas tudo desconhecia
> [...]
> De forma que, certo dia
> À mesa, ao cortar o pão
> O operário foi tomado
> De uma súbita emoção
> Ao constatar assombrado
> Que tudo naquela mesa
> – Garrafa, prato, facão –
> Era ele quem os fazia
> Ele, um humilde operário,
> Um operário em construção.

À mesa com Jesus, os discípulos tiveram seus olhos abertos. O pão partido por aquelas mãos tão conhecidas, as graças dadas por aquela voz tantas vezes ouvida, com palavras de tanto amor e esperança, fizeram as escamas que cegavam aqueles homens caírem, abrindo seus olhos para uma nova vida, com novas cores e sabores. O partir do pão que fez com que os discípulos reconhecessem o Mestre vivo e, com ele, vivas todas as esperanças, não era algo simples; antes significava o reencontro com aquele que havia partilhado com eles toda a vida, inclusive nos limites da própria morte. O pão partido permitiu-lhes recordar de muitas experiências vividas com Jesus. "Os olhos deles foram abertos". Essa foi a maneira que o escritor do Evangelho encontrou para falar daquilo que acabara de acontecer. Após terem os olhos abertos, "Jesus desapareceu da vista deles". Parece uma contradição: antes, eles tinham Jesus diante dos olhos e não o reconheciam; agora, com os olhos abertos, não era mais necessária a presença sensível do Mestre. Naquele momento, eles puderam tomar consciência daquilo que realmente eram: discípulos/operários em construção no caminho da fé madura.

Junto com o partir do pão, o outro elemento que abriu os olhos daqueles homens foi a palavra de Jesus. É a palavra do Mestre que pode proporcionar a experiência da vida plena capaz de levar os olhos de homens e mulheres da desesperança à esperança, da morte à vida, das lembranças negativas às positivas. Como disse Pedro em um outro episódio: "Senhor, para quem iremos? Tu tens as palavras de vida eterna" (Jo 6,68).

"Não estava queimando o nosso coração, enquanto ele nos falava no caminho e nos expunha as Escrituras?" (Lc 24,32).

Depois de ouvir a palavra de Jesus e com ele dividir o pão, os discípulos estão prontos para a missão de suas vidas. Depois de lançar os olhos sobre o que já tinham ouvido, mas ainda não experimentado, eles podiam continuar suas vidas plantando esperança e ajudando a abrir outros olhos. "Levantaram-se e voltaram imediatamente para Jerusalém" (Lc 24,33). Ou, como revela o poeta:

43

> De forma que, certo dia
> À mesa, ao cortar o pão
> O operário foi tomado
> De uma súbita emoção
> Ao constatar assombrado
> Que tudo naquela mesa
> – Garrafa, prato, facão –
> Era ele quem os fazia
> Ele, um humilde operário,
> Um operário em construção.

## *Passos a serem dados*

- Reflita: você dirige seus olhos às experiências positivas da vida ou tende a se deter somente nos aspectos negativos?

- Sua presença diante da vida está firmada sobre sua própria experiência com o Ressuscitado ou sobre aspectos exteriores ou formalidades?

- Faça uma dinâmica com seu grupo na qual todos possam partilhar os momentos positivos de sua vida, relacionando-os com a Comunhão representada pelo partir do pão e com a Palavra.

# 2º Sentido
# Audição

Cessa o teu canto!
Cessa, que, enquanto
O ouvi, ouvia
Uma outra voz

Com que vindo
Nos interstícios
Do brando encanto
Com que o teu canto

Vinha até nós.
Ouvi-te e ouvi-a
No mesmo tempo
E diferentes
Juntas a cantar.
E a melodia
Que não havia,
Se agora a lembro,
Faz-me chorar.

(Fernando Pessoa, *Cessa o teu canto!*)

## Jesus ensina-nos a ouvir.
## Cala-te e ouvirás!

> Entra no silêncio
> longe das muitas palavras
> e escuta a única Palavra
> que irá subir do fundo do mar.
> Uma única Palavra é mais poderosa que muitas:
> pureza de coração é desejar uma só coisa...
> Uma única Palavra:
> Aquela que dirias
> Se fosse a última a ser dita.
> Basta ouvir uma vez e, então,
> O silêncio...
> Faze silêncio...
> Ouve...
>
> (Rubem Alves, *Pai nosso*)

# Introdução

Você já notou que temos horror de elevadores? Aqueles instantes de tortura quando os olhares se cruzam e se escondem mergulhados num mar de constrangimento que o dilacerante silêncio impõe. Que vontade de chegar ligeiro ao andar para o qual nos dirigimos. Esse horror de elevadores é, na verdade, um horror ao silêncio. Para os que fogem do silêncio, os elevadores se transformam em câmaras de tortura. Por isso, evitamos a todo custo passar por situações em que as palavras somem, restando somente o pesado silêncio que denuncia o quanto fugimos de nós mesmos, escondendo-nos na tagarelice do dia a dia. Horror ao silêncio: nele moram as palavras de que fugimos!

Silenciar os lábios é uma das coisas mais difíceis para homens e mulheres que vivem em lugares (trabalho, família, escola, igreja...) tão barulhentos como os nossos. Estamos tão acostumados aos muitos ruídos que desaprendemos a arte de silenciar os lábios, para ouvir com mais clareza o que nos diz o coração. Como diz Rûmî, o grande poeta e místico islâmico: "Quando se aquietam os lábios, mil línguas ferem o coração". Por mais paradoxal que pareça, é do duro desafio de silenciar que nasce o ouvir. Não um ouvir qualquer, mas o daquela Palavra que pode mudar toda a vida. Só posso ouvir essa Palavra se meus ruídos, geradores de muitas inúteis palavras, forem silenciados. Ainda nesse sentido propõe Rûmî: "Procurai ser melhores que as palavras. Pois o silêncio é anterior ao faça-se". Ou ainda na paradoxal perspectiva do poeta contemporâneo:

> Inútil a utilidade
> da palavra
> inutilidade inútil
> nas entranhas do vazio
>
> utilidade inútil
> do ter
> e útil
> da periferia do viver
>
> servidão inútil
> fútil
> muito embora
> o puro inútil
> seja
> na verdade
> o útil
>
> (Jaci Maraschin, *Rastro de São Mateus*)

Jesus ensina-nos a ouvir. Cala-te e ouvirás!

## Itinerário bíblico-existencial

> Então chegaram a Jericó. Quando Jesus e seus discípulos, juntamente com uma grande multidão, estavam saindo da cidade, o filho de Timeu, Bartimeu, que era cego, estava sentado à beira do caminho, pedindo esmolas. Quando ouviu que era Jesus de Nazaré, começou a gritar: "Jesus, Filho de Davi, tem misericórdia de mim!". Muitos o repreendiam para que ficasse quieto, mas ele gritava ainda mais: "Filho de Davi, tem misericórdia de mim!". Jesus parou e disse: "Chamem-no". E chamaram o cego: "Ânimo! Levante-se! Ele o está chamando". Lançando sua capa para o lado, de um salto pôs-se em pé e dirigiu-se a Jesus. "O que você quer que eu lhe faça?", perguntou-lhe Jesus. O cego respondeu: "Mestre, eu quero ver!". "Vá", disse Jesus, "a sua fé o curou". Imediatamente ele recuperou a visão e seguiu Jesus pelo caminho (Mc 10,46-52).

Neste capítulo, a partir do texto de Marcos 10,46-52, vamos aprofundar como a audição de Jesus era um instrumento para estabelecer com as pessoas relações de profundo afeto, desvelando a elas as alegrias da graça do Pai e os prazeres da vida segundo o Reino de Deus. Jesus ouvia as pessoas! Ele tinha o coração liberto das tagarelices, dos ruídos sem propósito, da barulheira social e religiosa, e isso lhe permitia ouvir aquelas palavras realmente importantes que se dirigiam a ele.

## 1ª estação – A diferença entre ouvir ruídos e ouvir palavras

> Então chegaram a Jericó. Quando Jesus e seus discípulos, juntamente com uma grande multidão, estavam saindo da cidade, o filho de Timeu, Bartimeu, que era cego, estava sentado à beira do caminho, pedindo esmolas. Quando ouviu que era Jesus de Nazaré, começou a gritar: "Jesus, Filho de Davi, tem misericórdia de mim!" (Mc 10,46-47).

Jesus estava imerso em seu ministério, cercado de pessoas por todos os lados. Para onde ele se dirigia, uma multidão o acompanhava. As motivações dessa multidão eram as mais variadas... De qualquer forma, o barulho produzido por toda aquela gente que seguia o Mestre dia e noite devia ser ensurdecedor. Os riscos de Jesus se estressar em meio a tanto ruído era imenso. Da mesma forma que o risco de não escutar nitidamente ninguém à sua volta, por causa de tão grande algazarra, estava continuamente próximo dele.

Nós fazemos em alguma medida a mesma experiência que Jesus fez em meio àquela multidão. Numa vida tão voltada a ritmos alucinantes onde o barulho é elemento presente em todas as nossas atividades, o risco de ficarmos surdos com relação às coisas sensíveis que estão a nossa volta é muito grande. Cercados pelas buzinas do trânsito de nossas cidades, pelos sons dos muitos equipamentos de nossos lugares de trabalho, dos muitos instrumentos e amplificadores de nossas igrejas, vamos perdendo a capacidade de ouvir o som da natureza, o suspiro de nossos companheiros de trabalho, as dores e alegrias de nossos irmãos e irmãs de caminhada. O que Rûmî partilha sobre seu itinerário espiritual quando diz "perdi-me no tempo e no espaço. Perdi-me nos mares do verbo", é o que também nós experimentamos na dinâmica barulhenta e verborrágica da vida. Porém, podemos aprender com Jesus a diferença que há entre os ruídos e as palavras, entre os barulhos supérfluos e os sons realmente importantes.

Segundo nosso texto, as palavras que Jesus ouviu daquele homem chamado Bartimeu eram carregadas de detalhes que podem passar despercebidos aos nossos olhares, mas que fazem enorme diferença para uma compreensão mais aprofundada do que estava acontecendo. Segundo o livro de Josué 6,26, Jericó era indigna de cuidado, pesando sobre ela maldição para quem lhe desse atenção. Naquela ocasião, Josué pronunciou este juramento solene: "Maldito seja diante do Senhor o homem que re-

Jesus ensina-nos a ouvir. Cala-te e ouvirás!

construir a cidade de Jericó. Ao preço de seu filho mais velho lançará os alicerces da cidade; ao preço de seu filho mais novo porá suas portas!". Naquela cidade "amaldiçoada" surge uma voz entre tantas, de alguém considerado igualmente impuro por sua condição física. Bartimeu era um impuro que habitava uma cidade amaldiçoada.

Da boca daquele homem cego e mendigo surge uma declaração de fé que rompe toda aquela algazarra, chegando nítida nos ouvidos de Jesus: "Jesus, Filho de Davi, tem misericórdia de mim!". Não nos impressiona tanto que alguém na condição de Bartimeu clame por Jesus; o que mais impressiona é que Jesus se detenha para ouvir sua voz. Ao escutar o cego mendigo de nome Bartimeu, Jesus se mostra sensível às vozes que se encontram à margem da vida social e religiosa. A resposta do Mestre à declaração de fé daquele homem foi imediata. Mas antes de falarmos sobre a resposta de Jesus, vale a pena atentar para a tendência que nós – candidatos a discípulos – temos quando uma voz aparentemente tão indigna se levanta em meio aos nossos muitos ruídos.

## 2ª estação – O que acontece quando preferimos os ruídos e não os sons?

> Muitos o repreendiam para que ficasse quieto, mas ele gritava ainda mais: "Filho de Davi, tem misericórdia de mim!" (Mc 10,48).

A reação de alguns discípulos de Jesus, ante aquilo que lhes parecia uma enorme pretensão daquele pobre coitado, reflete tanto os preconceitos de sua época quanto ilumina os nossos preconceitos hoje. Tentar calar as vozes de homens e mulheres que se encontram à margem de nossa sociedade, cultura e religião continua sendo um procedimento recorrente entre nós, discípulos do Mestre de Nazaré, por mais contraditório que isso seja. Nós, os discípulos, nos recusamos a ouvir as palavras que mais chamavam a atenção de Jesus! Às vezes, temos nossos corações tão tumultuados pelos barulhos de nossos preconceitos, que não conseguimos ouvir os sons daquelas palavras dos filhos de Deus que nós desconhecemos.

## 3ª estação – Jesus, homem de coração silenciado e ouvidos atentos

> Jesus parou e disse: "Chamem-no". E chamaram o cego: "Ânimo! Levante-se! Ele o está chamando". Lançando sua capa para o lado, de um salto pôs-se em pé e dirigiu-se a Jesus (Mc 10,49-50).

Jesus era um homem de coração silenciado, de alma despida dos muitos preconceitos da sociedade de sua época; isso lhe permitiu ouvir aquelas palavras ("tem misericórdia de mim") ditas em meio a tantos ruídos. Só um coração silenciado de preconceitos pode discernir entre palavras e ruídos! As palavras de Bartimeu encontram tanta acolhida nos ouvidos de Jesus, que o evangelista diz que ele "parou"! Imagine o número de pessoas a sua volta, a quantidade de vozes embaralhadas, a expectativa dos adversários esperando um erro do Mestre. Diante desse cenário, Jesus para! Para e cessa as dores daquele homem, sobretudo, as dores geradas pela marginalização que sua condição lhe tinha imposto. Jesus para, mas Bartimeu começa a se mover em direção a uma vida digna!

Além de Bartimeu, também os discípulos de Jesus fizeram a experiência de se movimentarem a partir daquela parada do Mestre para ouvir as palavras em meio aos ruídos. O Evangelho diz: "Jesus parou e disse: 'Chamem-no'". Jesus envolve seus seguidores em seu ministério de

Jesus ensina-nos a ouvir. Cala-te e ouvirás!

restauração da dignidade. Aos discípulos ele diz: "Chamem-no". Alguns dos que tinham pedido a Bartimeu que se calasse, agora precisam voltar a ele para dizer que o Mestre, o Filho de Davi, o escutou. A nós o Mestre de Nazaré quer falar o mesmo, quer nos colocar na dinâmica de trazer para perto de nós uns tantos que até então temos feito força para deixar distantes. Ele nos diz: "Chamem-nos". Se ouvirmos a Jesus – homem de coração silenciado – aprenderemos a ouvir as palavras em meio a tantos ruídos que nos cercam. O resultado poderá ser hoje o mesmo que foi naqueles dias: "Lançando sua capa para o lado, de um salto pôs-se em pé e dirigiu-se a Jesus" (Mc 10,50).

> Não é nos países
> Cheios de água
> Que descobrirás a sede
> Não é nos países
> Cheios de palavras
> Que descobrirás o sentido
>
> "Deus criou países cheios de água
> Para ali viver
> E desertos para que os homens ali descobrissem
> a própria alma"
>
> E para os homens
> Que descobriram a própria alma
> Deus criou silêncios
> Um deserto no deserto
> Sem ameaça de regresso.
>
> (Jean-Yves Leloup, *Deserto, desertos*)

## *Passos a serem dados*

- Faça uma relação dos ruídos a que você tem dado ouvidos e que lhe tem impedido de ouvir as vozes que se dirigem a você pedindo ajuda.

53

- Quais as pessoas a que Jesus mais se dedicou a ouvir e atender em suas necessidades? Em sua opinião, a Igreja tem ouvido essas pessoas?

- Ouvir as pessoas exige parar e se aproximar. Jesus quando parou para ouvir Bartimeu pediu aos discípulos para chamarem-no. Qual sua resposta a esse chamamento?

# Construindo relacionamentos profundos a partir da escuta

> Somente quem escuta paciente e criticamente o outro, fala *com ele*, mesmo que, em certas condições, precise falar a ele. O que jamais faz quem aprende a escutar para poder falar com é falar *impositivamente*. Até quando, necessariamente, fala contra posições ou concepções do outro, fala com ele como sujeito da escuta de sua fala crítica e não como objeto de seu discurso. O educador que escuta aprende a difícil lição de transformar o seu discurso, às vezes necessário ao aluno, em uma fala *com* ele.
>
> (Paulo Freire, *Pedagogia da Autonomia*)

## Introdução

Entre todos os sentidos, um dos mais importantes para a construção de relacionamentos profundos e mutuamente respeitosos é a audição. Conhecer o outro que está diante de nós é uma tarefa que só conseguimos realizar quando nos dispomos a ouvi-lo cuidadosamente. Quando ouvimos, criamos um espaço em nós para que o outro seja acolhido, encontrando uma morada segura e acolhedora.

Na distinção que Paulo Freire faz entre falar *para* as pessoas e falar *com* as pessoas, o elemento que distingue uma da outra posição é exatamente a escuta. Quem ouve as pessoas a sua volta desenvolve relações nas quais essas pessoas são companheiros de caminhada na vida. Quem ouve encontra no outro alguém digno de atenção, um igual que tem voz, desejo, direitos como aquele que ouve também tem. Isso é falar *com* as pessoas e essa atitude só se mostra possível quando nos dispomos a criar relacionamentos profundos que passam pela disposição de ter ouvidos abertos aos que estão ao nosso redor. "Quem tem ouvidos para ouvir, ouça!"

## Itinerário bíblico-existencial

> Eu lhes asseguro que aquele que não entra no aprisco das ovelhas pela porta, mas sobe por outro lugar, é ladrão e assaltante. Aquele que entra pela porta é o pastor das ovelhas. O porteiro abre-lhe a porta, e *as ovelhas ouvem a sua voz. Ele chama as suas ovelhas pelo nome e as leva para fora. Depois de conduzir para fora todas as suas ovelhas, vai adiante delas, e estas o seguem, porque conhecem a sua voz. Mas nunca seguirão um estranho; na verdade, fugirão dele, porque não reconhecem a voz de estranhos* [...]. O ladrão vem apenas para roubar, matar e destruir; eu vim para que tenham vida, e a tenham plenamente. Eu sou o bom pastor. *O bom pastor dá a sua vida pelas ovelhas.* O assalariado não é o pastor a quem as ovelhas pertencem. Assim, quando vê que o lobo vem, abandona as ovelhas e foge. [...] Eu sou o bom pastor; conheço as minhas ovelhas, e elas me conhecem, assim como o Pai me conhece e eu conheço o Pai; eu dou a minha vida pelas ovelhas. Tenho outras ovelhas que não são deste aprisco. É necessário que eu as conduza também. *Elas ouvirão a minha voz, e haverá um só rebanho e um só pastor* [...] (Jo 10,1-21).

Como partilhamos anteriormente, Jesus tinha sua capacidade de ouvir desenvolvida através de um coração silenciado, livre de preconceitos, e isso o possibilitou escutar as verdadeiras palavras que se dirigiam a ele em meio a tanto barulho que vinha da multidão. Agora veremos como a relação de Jesus com seus seguidores e seguidoras passa pela escuta mútua, como a profundidade da vida partilhada com o Mestre se dá a partir do ouvir. Em outras palavras, a relação de Jesus com seus amigos, que é um constante falar *com*, é construída sobre esse maravilhoso sentido que é a audição.

## 1ª estação – Pastor e ovelha. Uma relação profunda que se dá pelo ouvir

> Eu lhes asseguro que aquele que não entra no aprisco das ovelhas pela porta, mas sobe por outro lugar, é ladrão e assaltante. Aquele que entra pela porta é o pastor das ovelhas. O porteiro abre-lhe a porta, e as ovelhas ouvem a sua voz. Ele chama as suas ovelhas pelo nome e as leva para fora. Depois de conduzir para fora todas as suas ovelhas, vai adiante delas, e estas o seguem, porque conhecem a sua voz (Jo 10,1-4).

Muitas vezes julgamos que a relação entre pastor e ovelha é uma relação baseada unicamente na submissão por parte da ovelha que deve estar todo tempo sujeita às ordens do pastor. Em função disso, cada vez mais encontramos resistência ao uso dessa metáfora para falar de nossa relação com Jesus. As objeções têm certo sentido; muitos argumentam o seguinte: aceitando a identificação de ovelhas, não estaríamos numa situação de renúncia de nossa autonomia e liberdade? Não teríamos que abrir mão das capacidades que nossa razão nos oferece a fim de nos tornar dóceis ovelhas? Num tempo como o nosso, em que os recursos da inteligência e da técnica são considerados suficientes para construir uma vida próspera, esse tipo de argumento que rejeita relações baseadas na submissão é cada vez mais forte e compreensível.

Uma coisa que precisamos verificar no texto que estamos refletindo é se ele realmente faz um apelo para essa relação em que a ovelha é esse ser destinado à simples obediência cega e à tola submissão. Para iluminar a relação pastor/ovelha apresentada no capítulo 10 de João, vale a pena citar um outro texto do mesmo Evangelho: "Já não os chamo servos,

57

porque o servo não sabe o que o seu senhor faz. Em vez disso, eu vos tenho chamado amigos, porque tudo o que ouvi de meu Pai eu lhes tornei conhecido" (Jo 15,15). O relacionamento que Jesus quer ter com seus discípulos – de ontem e de hoje – não é do tipo *falar para,* mas do tipo *falar com.* A vida e o ministério do Mestre de Nazaré não se deram numa relação *para* as pessoas, mas *com* as pessoas. "Não vos chamo servos, mas amigos." "O que ouvi do meu Pai eu lhes tornei conhecido." Tendo como exemplo essa qualidade das relações de Jesus conosco, seus discípulos, podemos avaliar melhor o que significa a relação pastor/ovelha.

Segundo o versículo 3 de João 10, Jesus, o bom pastor, "chama as suas ovelhas pelo nome". Ele as conhece, tem com elas uma relação para além das superficialidades que outro tipo de metáfora poderia sugerir (por exemplo, a dos bois e boiadeiros, em que os animais são tocados aos bandos sem nenhuma individualidade). Na relação que Jesus pretende manter com seus discípulos e discípulas, exemplificada na parábola antes mencionada, a individualidade de seus seguidores está preservada, o desejo de cada um deles é afirmado. Ele conhece os nomes de cada um, ou seja, reconhece a individualidade dos seus seguidores.

O seguimento de Jesus é antes de tudo uma relação de profundidade que se fortalece na dinâmica de ouvir e de ser ouvido. Se por um lado o pastor conhece o nome de suas ovelhas (porque as ouve), por outro "as ovelhas ouvem a sua voz" (Jo 10,3). A profundidade do que acostumamos chamar de discipulado depende não tanto da quantidade de doutrinas que conseguimos apreender por nossa razão, mas, antes, da disposição de ouvir e ser ouvido pelo Mestre. Também as relações que devemos manter entre nós ovelhas/discípulos, de dentro ou de fora de nossos apriscos (Jo 10,16), se quiserem profundas, devem contemplar essa dinâmica de escuta cuidadosa e respeitosa do outro.

Construindo relacionamentos profundos a partir da escuta

## 2ª estação – Mercenário: aquele que não ouve, não é ouvido e traz destruição

> Mas nunca seguirão um estranho; na verdade, fugirão dele, porque não reconhecem a voz de estranhos (Jo 10,5).
>
> O assalariado não é o pastor a quem as ovelhas pertencem. Assim, quando vê que o lobo vem, abandona as ovelhas e foge. Então o lobo ataca o rebanho e o dispersa. Ele foge porque é assalariado e não se importa com as ovelhas (Jo 10,12-13).

Opostamente ao pastor, o Evangelho apresenta a figura do mercenário (daquele que é assalariado). Essa figura não se relaciona com as ovelhas, ele as explora! Não há, portanto, uma relação de respeito e cuidado, na qual o outro é conhecido e valorizado naquilo que é. A relação mercenário/ovelha é destinada à superficialidade, não há escuta, não há respeito, só exploração e destruição. O mercenário não quer estar *com* as pessoas, ele no máximo se volta *para* elas a fim de se impor. O mercenário quer lucrar em seu contato com as ovelhas, por isso, quanto menos relação e intimidade, melhor. A respeito desses, o profeta diz o seguinte:

> Filho do homem, profetize contra os pastores de Israel! Profetize e diga-lhes: Assim diz o Soberano, o Senhor: Ai dos pastores de Israel que só cuidam de si mesmos! Acaso os pastores não deveriam cuidar do rebanho? Vocês comem a coalhada, vestem-se de lã e abatem os melhores animais, mas não tomam conta do rebanho. Vocês não fortaleceram a fraca nem curaram a doente nem enfaixaram a ferida. Vocês não trouxeram de volta as desviadas nem procuraram as perdidas. Vocês têm dominado sobre elas com dureza e brutalidade (Ez 34,2-4).

## 3ª estação – Ouvir para seguir. O seguimento de Jesus como ingresso numa relação de profundidade

> Depois de conduzir para fora todas as suas ovelhas, vai adiante delas, e estas o seguem, porque conhecem a sua voz (Jo 10,4).
>
> Eu sou o bom pastor; conheço as minhas ovelhas, e elas me conhecem, assim como o Pai me conhece e eu conheço o Pai; eu dou a minha vida pelas ovelhas (Jo 10,14-15).

A resposta à voz do pastor que as ovelhas ouvem deve refletir a profundidade dessa relação. Hoje estamos nos acostumando cada vez mais a relacionamentos superficiais, que não causam muitos laços de comprometimento. Essa tendência ao descartável e superficial acaba se mostrando também em nossa relação com Jesus. Nós desenvolvemos uma escuta seletiva que nos permite fazer uma caminhada seletiva, ou seja, ouvimos do Mestre o que queremos para fazer o que queremos. Porém, a relação pastor/ovelha apresentada pelo texto a que nos referimos nos convida a um outro estilo de vida: se ouvimos a voz do Mestre queremos também segui-la. "E estas o seguem, porque conhecem a sua voz."

O seguimento de Jesus é um outro modo de ser no mundo que vivemos. É fazer uma opção de ter toda a vida tomada pela voz daquele que nos conhece pelo nome. Pôr-se no seguimento de Jesus é ingressar numa dinâmica de profundidade tanto na relação com ele quanto nas diversas relações com os companheiros de caminhada. Esse seguimento, porém, só é possível quando efetivamente rompemos as superficialidades que as armadilhas do racionalismo armam à nossa frente. Só há relacionamentos profundos quando toda a nossa existência está comprometida com o outro, seja ele Deus, seja nosso próximo.

## Passos a serem dados

- Relacionamentos profundos não acontecem onde não há liberdade e valorização mútuas. As relações pastor/ovelha e ovelha/ovelha nunca alcançarão dimensões de maturidade se forem construídas sobre bases de submissão e opressão. Como você analisa as relações que tem com o Mestre Jesus e com seus companheiros de caminhada?

- Converse com pessoas de sua família ou com amigos sobre a realidade da Igreja no Brasil: o que temos visto nela, pastores ou mercenários? Como diferenciar um do outro?

- Se um relacionamento maduro e profundo nasce do convívio que as pessoas nutrem entre si, há outra possibilidade de ter uma relação profunda com Jesus sem uma firme disposição para segui-lo em todas as dimensões da vida, não somente numa declaração de fé bem articulada intelectualmente?

# 3º Sentido
# Tato

Nós só temos uma vida
e um campo
um sol de bronze debruado em franjas
e a luta

temos apenas trigo e mãos

a máquina do inimigo confunde a plantação
no banco da nação
e a nossa vida que é uma só divide
e confisca
o nosso campo de sol e grande

temos apenas uma vida
e um campo
e o sol de bronze
e as mãos

a máquina do inimigo divide.

(Jaci Maraschin, *Rastro de São Mateus*)

# O milagre de um toque.
# O afeto como elemento restaurador

Foi um momento
O em que pousaste
Sobre o meu braço,
Num movimento
Mais de cansaço
Que pensamento,
A tua mão
E a retiraste.
Senti ou não?

Não sei. Mas lembro
E sinto ainda
Qualquer memória
Fixa e corpórea,
Onde pousaste
A mão que teve
Qualquer sentido
Incompreendido.
Mas tão de leve! [...]

Como se tu,
Sem o querer,
Em mim tocasses
Para dizer
Qualquer mistério,
Súbito e etéreo,
Que nem soubesses
Que tinha ser.

(Fernando Pessoa, *Foi um momento*)

## Introdução

Nos próximos dois capítulos partilharemos o texto de Marcos 5,21-43; nele vamos focar o sentido do tato. O tato é o sentido que exige proximidade, que não permite nenhuma teorização que se possa fazer à distância dos olhares ou da audição. Tocar é comprometer-se com o corpo do outro e com tudo aquilo que ele representa: dores, alegrias, prazeres, misérias, vida e morte. Vamos ver como Jesus toca e é tocado por pessoas em circunstâncias de morte e falta de dignidade. Pelo toque, o Mestre dos sentidos recobra a uns a vida e, a todos, a dignidade.

## Itinerário bíblico-existencial

> E estava ali certa mulher que havia doze anos vinha sofrendo de hemorragia. Ela padecera muito sob o cuidado de vários médicos e gastara tudo o que tinha, mas, em vez de melhorar, piorava. *Quando ouviu falar de Jesus, chegou por trás dele, no meio da multidão, e tocou em seu manto, porque pensava: "Se eu tão somente tocar em seu manto, ficarei curada".* Imediatamente cessou sua hemorragia e ela sentiu em seu corpo que estava livre do seu sofrimento. No mesmo instante, Jesus percebeu que dele havia saído poder, virou-se para a multidão e perguntou: *"Quem tocou em meu manto?"*. Responderam os seus discípulos: "Vês a multidão aglomerada ao teu redor e ainda perguntas: 'Quem tocou em mim?'". Mas Jesus continuou olhando ao seu redor para ver quem tinha feito aquilo. Então a mulher, sabendo o que lhe tinha acontecido, aproximou-se, prostrou-se aos seus pés e, tremendo de medo, contou-lhe toda a verdade. Então ele lhe disse: "Filha, a sua fé a curou! *Vá em paz e fique livre do seu sofrimento*" (Mc 5,25-34).

Em primeiro lugar vamos nos deter sobre o episódio da mulher com fluxo de sangue (Mc 5,25-34) e, na próxima etapa, partilharemos o drama vivido por um dirigente de certa sinagoga que viu sua filha adoecer e morrer (Mc 5,21-24.35-43). Nos dois episódios, porém, veremos que a dignidade e a vida chegam àquelas pessoas pelo toque, pela radical proximidade com Jesus. Quando aqueles corpos se encontram no compromisso afetivo representado pelo toque, uma novidade de vida surge para todos.

# 1ª estação – O sofrimento e a indiferença: dois lados de uma perversa moeda

> E estava ali certa mulher que havia doze anos vinha sofrendo de hemorragia. Ela padecera muito sob o cuidado de vários médicos e gastara tudo o que tinha, mas, em vez de melhorar, piorava (Mc 5,25-26).

Na sociedade e na religião, de ontem e de hoje, existem terríveis mecanismos de exclusão de pessoas que são marcadas por estigmas que não lhes permitem ter uma vida digna como a das demais. Um exemplo mais distante disso é o sistema de castas da Índia, onde um grupo da sociedade – constituído dos mais pobres – não pode ser tocado por ninguém, sob pena de se tornarem impuros aqueles que ousarem tocá-los. Não precisamos, porém, ir tão longe para ver casos como esse. Nossa sociedade e também nossa religião elegem pessoas e as estigmatizam com a marca da impureza, e, a partir daí, essas pessoas se tornam indignas de nossa proximidade, de nosso toque e, por isso mesmo, de nosso amor. Quando negamos a proximidade de nossos corpos e nossos toques a certas pessoas, estamos reproduzindo um pouco daquilo que aconteceu com aquela mulher que vivia há muito sofrendo de hemorragia. Como diz a poetisa:

> O amor quer abraçar e não pode.
> A multidão em volta,
> com seus olhos cediços,
> põe caco de vidro no muro
> para o amor desistir.
>
> (Adélia Prado, *Corridinho*)

Na cultura e religião dos judeus nos dias de Jesus, uma mulher com fluxo de sangue era impura. Isso nos revela Levítico 15,19: "Quando uma mulher tiver fluxo de sangue que sai do corpo, a impureza da sua menstruação durará sete dias, e quem nela tocar ficará impuro até à tarde". Se levarmos em consideração o tempo que ela estava com aquela hemorragia entenderemos melhor a condição de abandono que ela vinha experimentando, sobretudo nos últimos doze anos. Naquele momento estava ali uma mulher condenada ao sofrimento e à indiferença que sua própria religião e cultura tinham destinado a ela. Aquela realidade, porém, estava próxima de seu fim, um toque, e tudo o que ele representa, iria mudar a sorte daquela mulher. Um toque, um estar perto, um gesto de aproximação pode romper um sistema de indiferença e preconceito, tanto aquele da mulher hemorrágica, como o que ainda hoje se vive na Índia e, também, os que nós criamos em nome de Deus e da religião. Apenas um toque! *"Foi um momento, o em que pousaste sobre o meu braço, num movimento mais de cansaço que pensamento, a tua mão e a retiraste."*

## 2ª estação – Atraída pelo ouvir, mas curada por um toque

> Quando ouviu falar de Jesus, chegou por trás dele, no meio da multidão, e tocou em seu manto, porque pensava: "Se eu tão somente tocar em seu manto, ficarei curada" (Mc 5,27-29).

"Quando ouviu falar de Jesus." A cura daquela mulher começou a acontecer quando ela ouviu falar do Mestre. Isso se deu, porém, a certa distância. Foi, contudo, no encontro dos corpos, no toque que transmite afeto, que sua vida foi plenamente restaurada. Aqui há uma lição para nós. Não adianta apostarmos todos os nossos esforços na comunicação verbal do Evangelho. Isso certamente é importante, mas como início de um processo que precisa ganhar a profundidade do afeto e isso só acontece quando nos dispomos à proximidade com as pessoas, sobretudo com aquelas que estão postas à margem da vida. Ao ouvir contar sobre Jesus, ela sentiu-se atraída por ele; essa atração a conduziu a tocá-lo, mas o toque só aconteceu porque Jesus estava disponível.

Foi a mulher quem instaurou o contato com o corpo são de Jesus. Sua fé se traduziu num movimento irresistível de encontro afetivo e curador. Do corpo de Jesus, isto é, de sua disponibilidade ao afeto e à superação dos preconceitos, emana o dinamismo salvífico capaz de restaurar as pessoas. Uma coisa já podemos concluir a partir desse texto: a fé que salva acontece não somente no domínio racional de certos conteúdos doutrinários, mas no movimento afetivo dos corpos (dos discípulos com o Mestre) que se tocam e se disponibilizam ao amor que tudo supera. *"Mas lembro e sinto ainda qualquer memória fixa e corpórea, onde pousaste a mão que teve qualquer sentido incompreendido. Mas tão de leve!"*

## 3ª estação – A disponibilidade de tocar e ser tocado retira da margem os que sofrem os preconceitos e a indiferença

> Imediatamente cessou sua hemorragia e ela sentiu em seu corpo que estava livre do seu sofrimento. No mesmo instante, Jesus percebeu que dele havia saído poder, virou-se para a multidão e perguntou: "Quem tocou em meu manto?". Responderam os seus discípulos: "Vês a multidão aglomerada ao teu redor e ainda perguntas: 'Quem tocou em mim?'". Mas Jesus continuou olhando ao seu redor para ver quem tinha feito aquilo. Então a mulher, sabendo o que lhe tinha acontecido, aproximou-se, prostrou-se aos seus pés e, tremendo de medo, contou-lhe toda a verdade. Então ele lhe disse: "Filha, a sua fé a curou! *Vá em paz e fique livre do seu sofrimento*" (Mc 5,29-34).

Parecia que tudo já havia sido feito: "Imediatamente cessou sua hemorragia e ela sentiu em seu corpo que estava livre do seu sofrimento". Porém, o desfecho daquele encontro profundo e afetivo ainda não tinha acontecido: "No mesmo instante, Jesus percebeu que dele havia saído poder,

69

virou-se para a multidão e perguntou: 'Quem tocou em meu manto?'". Jesus sentiu aquele toque. Ele percebeu que algo definitivo havia acontecido em meio àquela multidão que o comprimia. Embora os discípulos estranhassem a pergunta do Mestre sobre quem o havia tocado, este não confundia os atropelos de uma multidão com um toque de quem carecia de atenção e afeto.

Aquela mulher, impedida de ser em sua própria identidade feminina e, além disso, marginalizada pelas leis e costumes de seu povo, não podia ser deixada ao anonimato: "Mas Jesus continuou olhando ao seu redor para ver quem tinha feito aquilo. Então a mulher, sabendo o que lhe tinha acontecido, aproximou-se, prostrou-se aos seus pés e, tremendo de medo, contou-lhe toda a verdade". Ela cai aos pés do Mestre e se ergue como uma nova mulher. Jesus a chama de filha, invertendo de forma radical sua condição de exclusão, marginalização e esterilidade. Depois de um toque, ele restabelece a sua dignidade. Isso é salvação. "Vá em paz e fique livre do seu sofrimento." *"Como se tu, sem o querer, em mim tocasses para dizer qualquer mistério, súbito e etéreo, que nem soubesses que tinha ser".*

## *Passos a serem dados*

- Proponha uma discussão aos seus amigos e tente identificar quais os grupos e pessoas que hoje são alvos do preconceito da sociedade e também da Igreja. Quais as medidas que você pode tomar para ajudar a superar o sofrimento e a indiferença desses grupos e pessoas?

- Olhando para você e para sua comunidade, avalie o grau de dedicação às relações afetivas. Sua ação evangelizadora se dá somente pela fala ou também acontece nas relações de proximidade com as pessoas?

- Identifique quais atividades você pode desenvolver para criar ambientes acolhedores de afeto e cuidado em sua Igreja. Lembre-se: estar disponível é uma excelente forma de testemunhar o Evangelho do Reino de Deus.

# Mãos estendidas para cuidar

Chegando ao consultório médico, depois de grande espera, o homem começou a contar sobre o que estava sentindo:

– Doutor, estou com muitas dores mais ou menos na altura do estômago...

Antes, porém, de terminar de contar aquilo que lhe afligia e que estava fazendo força para não esquecer a fim de tentar ajudar ao médico em seu diagnóstico, o homem atrás da mesa – que mais parecia uma barreira de proteção – lançou-lhe um olhar por cima dos óculos que estavam fixos no receituário e lhe disse:

– O que o senhor tem são gases.

– Gases, doutor?

– Não discuta comigo, homem, sou eu ou o senhor o médico?

– Mas o senhor não quer ver o caroço que está aqui em minha barriga...?

Irritado com a presença daquele homem (às vezes parece que os médicos preferem examinar exames do que pessoas), o médico desfecha seu maior argumento profissional.

– Meu senhor, eu estou cansado de diagnosticar esses casos em meu consultório, afinal de contas eu estudei para isso, não preciso ver o que o senhor quer me mostrar para saber o seu problema.

> Após receber uma receita que já havia sido escrita mesmo antes do fim da consulta, o homem se retirou do consultório lembrando-se do tempo em que os médicos sabiam os nomes de seus pacientes, escutavam suas histórias, examinavam atentamente seus corpos e, só aí, quando necessário, davam outra coisa além de afeto e bons conselhos.
>
> (Anônimo)

# Introdução

Em sua forma mais antiga, a palavra cura (do latim *coera*) era usada num contexto de relações de amor e amizade. Ela expressava uma atitude de cuidado, mais do que uma prescrição de medicamentos. Curar alguém era atividade que evocava não só conhecimento técnico sobre o corpo humano, mas todo um conjunto de preocupações, afetos e saberes que reunidos serviam para tornar saudável a pessoa no contexto de sua família e sociedade. Curar, portanto, era uma expressão do cuidar, que é mais do que um ato, é uma atitude. "Uma atitude de ocupação, preocupação, de responsabilidade e de envolvimento afetivo com o outro" (Leonardo Boff, *Saber cuidar*).

# Itinerário bíblico-existencial

> Tendo Jesus voltado de barco para a outra margem, uma grande multidão se reuniu ao seu redor, enquanto ele estava à beira do mar. Então chegou ali um dos dirigentes da sinagoga, chamado Jairo. Vendo Jesus, prostrou-se aos seus pés e lhe implorou insistentemente: "Minha filhinha está morrendo! *Vem, por favor, e impõe as mãos sobre ela, para que seja curada e que viva*". Jesus foi com ele. *Uma grande multidão o seguia e o comprimia* [...] (Mc 5,21-24).
>
> Enquanto Jesus ainda estava falando, chegaram algumas pessoas da casa de Jairo, o dirigente da sinagoga. *"Sua filha morreu"*, disseram eles. *"Não precisa mais incomodar o mestre!"* Não fazendo caso do que eles disseram, Jesus disse ao dirigente da sinagoga: "Não tenha medo; tão so-

mente creia". E não deixou ninguém segui-lo, senão Pedro, Tiago e João, irmão de Tiago. Quando chegaram à casa do dirigente da sinagoga, Jesus viu um alvoroço, com gente chorando e se lamentando em alta voz. Então entrou e lhes disse: "Por que todo este alvoroço e lamento? A criança não está morta, mas dorme". Mas todos começaram a rir de Jesus. Ele, porém, ordenou que eles saíssem, tomou consigo o pai e a mãe da criança e os discípulos que estavam com ele, e entrou onde se encontrava a criança. *Tomou-a pela mão e lhe disse:* "Talita cumi!", que significa "menina, eu lhe ordeno, levante-se!". Imediatamente a menina, que tinha doze anos de idade, levantou-se e começou a andar. Isso os deixou atônitos. Ele deu ordens expressas para que não dissessem nada a ninguém e mandou que dessem a ela alguma coisa para comer (Mc 5,35-43).

Nessa relação entre cura e cuidado, o toque é um elemento fundamental. Tocar alguém exige proximidade! O tato é o sentido que exige a superação das distâncias estabelecidas pelas barreiras que vamos colocando entre nós e os outros ao longo da vida. Distâncias construídas pelo dinheiro, pela cultura, pela raça, pelo sexo, pela religião... são destruídas quando nos dispomos a tocar as pessoas e por elas sermos tocados. É através do tato que o amor e o cuidado se realizam. O texto de Marcos 5,21-24; 35-43 mostra o efeito curador que o toque de Jesus exerce sobre a vida da pequena filha de Jairo. Mostra também que a cura e o cuidado, que a palavra e o afeto, não podem ser separados na ação e no testemunho cristão.

# 1ª estação – Expectativas daqueles que se aproximam de Jesus

> Então chegou ali um dos dirigentes da sinagoga, chamado Jairo. Vendo Jesus, prostrou-se aos seus pés e lhe implorou insistentemente: "Minha filhinha está morrendo! Vem, por favor, e impõe as mãos sobre ela" (Mc 5,22-23).

Diante da situação da doença de sua filha, Jairo tinha a mesma expectativa para ela que o homem de nossa história inicial: receber um toque que comunicasse afeto, cuidado, cura, salvação. Perguntar pelo que esperam as pessoas que se aproximam de Jesus é o começo de uma ação cristã relevante. As Igrejas evangélicas, sobretudo as chamadas históricas, têm colocado todas as suas forças – na tarefa de alcançar as pessoas – na exposição da palavra. Essa exposição é feita com todos os recursos intelectuais de que se consegue dispor: pregações elaboradas através dos recursos da homilética, estudos conduzidos pelas normas da didática, textos elaborados pelas regras da gramática. Tudo isso para melhor comunicar às mentes as verdades de Cristo.

Todo o esforço mencionado deve ser louvado; porém, não pode ser considerado suficiente para suprir todas as expectativas daqueles que de muitas e variadas formas buscam a Jesus. A palavra comunicada verbalmente tem, certamente, uma importância insubstituível. Contudo, é a palavra vivida na relação afetiva comunicada pela proximidade do toque que definitivamente alcança as dimensões mais profundas da existência humana. Jairo, naquele momento de dor, em que geralmente as pessoas demonstram aquilo que verdadeiramente são e querem, pede uma coisa a Jesus: "Vem, por favor, e impõe as mãos sobre ela (sua filha)". Nada menos do que isso seria o suficiente para ele. Nenhuma pregação, nenhum estudo, nenhum texto. Nada menos do que um toque, um afeto, um cuidado, uma salvação.

## 2ª estação – Salvação e saúde. O toque como expressão de cuidado

> Minha filhinha está morrendo! Vem, por favor, e impõe as mãos sobre ela, para que seja *curada* e que viva (Mc 5,23).

Este texto do Evangelho de Marcos foi escrito em grego. A palavra usada no pedido que aquele pai fez a Jesus por sua filha, que na tradução que estamos utilizando (Nova Versão Internacional – NVI) aparece como *seja curada*, pode também ser traduzida como *seja salva*.

| Minha filhinha está morrendo! Vem, por favor, e impõe as mãos sobre ela, para que *seja curada* e que viva. (NVI) | Minha filhinha está morrendo! Vem e impõe sobre ela as mãos, para que ela *seja salva* e viva. (Bíblia de Jerusalém) |

*Curar* e *salvar* têm uma mesma origem; ambas estão relacionadas ao princípio terapêutico do cuidado, que era inerente ao ministério do Mestre de Nazaré. Ele mesmo diz: "Não são os que têm saúde que precisam de médico, mas sim os doentes. Eu não vim para chamar justos, mas pecadores" (Mc 2,17). Jesus, ao falar da natureza de seu ministério, encontra na ação terapêutica a melhor comparação. Ele é médico, sua atuação tem alcance em todas as dimensões da vida, seu método é o do afeto que se realiza, sobretudo, pelo toque. Nesse sentido, todas as expressões (tato, paladar, olfato, audição e visão) de Jesus são terapêuticas.

Para cuidar e salvar as pessoas, Jesus não se escondia atrás de uma mesa e receituários, nem tampouco atrás de pregações, estudos e textos. Antes, colocava-se numa relação de proximidade onde as palavras ditas pudessem ser confirmadas pelo cuidado dispensado. Aqui encontramos um princípio para nossa vida cristã: o Evangelho deve ser comunicado com as mesmas ênfases e métodos. Não podemos reduzir à palavra aquilo que Jesus anunciou com a vida.

Como conclui Ana Maria Tepedino:

> A obra de redenção/libertação ocorre através das palavras e dos encontros de Jesus. Encontros em profundidade são profundamente terapêuticos. Através deles podemos curar-nos, pois ninguém se cura sozinho. Para isso é preciso encontrar o(a) outro(a). O encontro exige tempo, interação, toque. (*Saúde no trabalho. Espiritualidade e saúde*)

# 3ª estação – Do toque à mesa. Cuidado como restauração da dignidade

> Enquanto Jesus ainda estava falando, chegaram algumas pessoas da casa de Jairo, o dirigente da sinagoga. "Sua filha morreu", disseram eles. "Não precisa mais incomodar o mestre!" [...] ordenou que eles saíssem, tomou consigo o pai e a mãe da criança e os discípulos que estavam com ele, e entrou onde se encontrava a criança. Tomou-a pela mão e lhe disse: "Talita cumi!", que significa "menina, eu lhe ordeno, levante-se!". Imediatamente a menina, que tinha doze anos de idade, levantou-se e começou a andar. Isso os deixou atônitos. Ele deu ordens expressas para que não dissessem nada a ninguém e mandou que dessem a ela alguma coisa para comer (Mc 5,35; 40-43).

A notícia que acabara de chegar era a pior, a que mais espanta nossa frágil vida: "Sua filha morreu".

> A morte vem de longe
> Do fundo dos céus
> Vem para os meus olhos
> Virá para os teus
> Desce das estrelas
> Das brancas estrelas
> As loucas estrelas
> Trânsfugas de Deus
> Chega impressentida
> Nunca inesperada
> Ela que é na vida
> A grande esperada!
> A desesperada
> Do amor fratricida
> Dos homens, ai! Dos homens
> Que matam a morte
> Por medo da vida.
>
> (Vinicius de Moraes, *A morte*)

Mãos estendidas para cuidar

A morte da filha de Jairo acontece num momento em que a vida para ela estava apenas começando. A menina tinha 12 anos. Era a idade em que as meninas saíam de sua condição infantil para a estatura de uma mulher. Agora, a amada filha do chefe da sinagoga poderia se casar, e então cumprir sua vocação de ser mãe (como compreendia a sociedade de sua época). Porém, tudo havia se perdido com a demora do Mestre. Nesse contexto de morte, a vida chega pelas mãos estendidas e cuidadosas de Jesus: "Tomou-a pela mão e lhe disse...". O que ele disse qualquer pessoa poderia ter dito, mas a forma como disse é que realiza a restauração da saúde da menina. Isso mesmo! O que ninguém faria é o que Jesus fez: tocar num corpo morto e, por isso, impuro.

O que estava acontecendo naquele quarto cheio de silêncio e de tristeza era mais do que a simples recitação de palavras. Antes de dizer qualquer coisa, Jesus rompe, pelo toque revelador de afeto, o abismo que havia entre ele e a menina. Para a religião e a cultura dos dias do Mestre de Nazaré, um morto não poderia ser tocado; se alguém o fizesse, ficaria impuro. "Quem tocar num cadáver humano ficará impuro durante sete dias" (Nm 19,11). Jesus tocando-a, salva-a!

O encontro com Jesus levantou a menina do abatimento da impureza da morte para tomar seu lugar na casa. Depois de lhe chamar à vida, o Mestre lhe coloca à mesa. "Mandou que dessem a ela alguma coisa para comer." A ação cuidadosa e curadora de Jesus representada por aquele "tomar nas mãos da menina" encerra-se quando ela pode voltar ao convívio digno entre seus familiares. A ação cristã que queira ser continuadora do ministério do Mestre de Nazaré precisará operar, pelo relacionamento afetivo, a dignidade perdida de homens e mulheres que se encontram encerrados em situações de morte e preconceito.

77

## Passos a serem dados

- Em sua ação cristã – na Igreja e em todos os outros lugares onde você convive –, como tem sido seu anúncio do Evangelho? Você reduz tudo à proclamação verbal da Escritura ou se relaciona afetivamente com as pessoas?

- Partilhe com amigos qual a compreensão corrente sobre os relatos de cura apresentados nos Evangelhos. Será que as Igrejas têm falado da ação de Jesus sobre todas as dimensões da vida humana, ou têm dado ênfase somente aos aspectos sobrenaturais?

- Quais situações você vive que precisam mais do seu afeto e cuidado?

# 4º Sentido
# Paladar

Há coisas que são ditas enquanto se come.
Por isso somos diferentes dos animais...

Nosso pão é amassado com palavras e o
nosso vinho, fermentado com poemas.

"O homem não viverá só de pão, mas de toda
palavra que sai da boca de Deus..."

Nosso corpo, pra viver, precisa também das memórias
e das lembranças que moram nas palavras.

Essas palavras, que dizemos, porque se não as
disséssemos acabaríamos por morrer, essas palavras
são a oração: invocação de uma nostalgia...

Há comidas que nos tornam animais domésticos:
as panelas de carne do Egito, que engordam o corpo,
e ele fica pesado demais para poder voar.
Mas há outras que nos tornam selvagens e belos:
sacramentos, aperitivos do futuro,
frutos mágicos de um tempo que ainda não chegou...

(Rubem Alves, *Pai nosso*)

# O banquete está posto, e nós onde estamos?

> E o poema se fez carne e
> Armou uma tenda entre nós.
> Vimos o seu rosto nas cores do arco-íris
> E os nossos corpos flutuaram na luz...
>
> (Inês de França Bento, *E o poema se fez carne...*).

> Do pão o homem precisa.
> Não do que só mata a fome,
> mas do que faz o homem, homem.
> Deste pão ele precisa.
> Um pão deste esforço feito
> de mãos juntas: pão e vida
> de ser luta, sendo a paz.
> Deste pão ele precisa [...].
> Um pão que pondo na boca
> de quem come, todo o sal
> de quem fez, irmana no mesmo gesto
> quem inventa e quem espera.
>
> (Carlos Rodrigues Brandão, *O pão do livro*)

## Introdução

"O Reino dos céus é como um... banquete" (Mt 22,1). Que modo mais curioso teve Jesus para falar do elemento mais importante de toda a sua pregação! O Reino é um banquete? O que isso significa? Que relação há entre o estado pleno de vida chamado de Reino dos céus e uma refeição farta que chamamos banquete? Antes de aprofundar estas relações vale a pena pensar a importância do paladar como um sentido profundo para a vida humana – comendo e bebendo nos fazemos vivos, partilhando a mesa nos fazemos cúmplices e amigos.

## Itinerário bíblico-existencial

> Jesus lhes falou novamente por parábolas, dizendo: "*O Reino dos céus é como um* rei que preparou um *banquete* de casamento para seu filho. Enviou seus servos aos que tinham sido convidados para o banquete, dizendo-lhes que viessem; mas eles não quiseram vir. De novo enviou outros servos e disse: '*Digam aos que foram convidados que preparei meu banquete*: meus bois e meus novilhos gordos foram abatidos, e tudo está preparado. Venham para o banquete de casamento!'. Mas eles não lhes deram atenção e saíram, um para o seu campo, outro para os seus negócios. Os restantes, agarrando os servos, maltrataram-nos e os mataram. O rei ficou irado e, enviando o seu exército, destruiu aqueles assassinos e queimou a cidade deles. Então disse a seus servos: 'O banquete de casamento está pronto, mas os meus convidados não eram dignos. *Vão às esquinas e convidem para o banquete* todos os que vocês encontrarem'. Então os servos saíram para as ruas e reuniram todas as pessoas que puderam encontrar, gente boa e gente má e a sala do banquete de casamento ficou cheia de convidados" (Mt 22,1-10).

Essa maravilhosa capacidade que temos de transformar um hábito comum a todos os animais em uma celebração da vida em todas as suas dimensões foi escolhida por Jesus para identificar a vida plena inaugurada pela presença de Deus junto aos homens e mulheres: o Reino é um banquete! Jesus inaugurou o Reino de Deus através do perdão dos pecados, comendo e bebendo com pecadores: "Mas os fariseus e os mestres da lei o criticavam: Este homem recebe pecadores e come com eles" (Lc 15,2). Essa prática do Mestre era tantas vezes repetida que lhe deram um interessante título cristológico: comilão e beberrão. "Veio o Filho do homem, comendo e bebendo, e vocês dizem: 'Aí está um comilão e beberrão, amigo de publicanos e pecadores'" (Lc 7,34).

## 1ª estação – Aceitar ou não aceitar sentar à mesa com Jesus: eis a questão

> [...]Enviou seus servos aos que tinham sido convidados para o banquete, dizendo-lhes que viessem; mas eles não quiseram vir. De novo enviou outros servos e disse: *"Digam aos que foram convidados que preparei meu banquete* [...] Venham para o banquete de casamento!". Mas eles não lhes deram atenção [...]. Então disse a seus servos: "O banquete de casamento está pronto, mas os meus convidados não eram dignos. *Vão às esquinas e convidem para o banquete* todos os que vocês encontrarem". Então os servos saíram para as ruas e reuniram todas as pessoas que puderam encontrar, gente boa e gente má, e a sala do banquete de casamento ficou cheia de convidados (Mt 22,1-10).

No caso deste texto, a parábola serve para apresentar o perfil daqueles que concretamente estiveram com Jesus ao longo de sua vida, partilhando com ele de seu anúncio: a vida plena que surge do acolhimento do Reino de Deus.

A princípio, Jesus diz que todos são convidados para o banquete, para tomarem uma refeição, comendo e bebendo para o fortalecimento de uma nova vida. "Eis que estou à porta e bato. Se alguém ouvir a minha voz e abrir a porta, entrarei e cearei com ele, e ele comigo" (Ap 3,20). A questão, porém, não se encontra no desejo de Jesus de partilhar a comida e a bebida com os homens e as mulheres. A questão está na resposta

#### 4º SENTIDO – PALADAR

dada ao Mestre. Para clarear um pouco essa questão é preciso responder a duas perguntas: Por que uns aceitam cear com Ele e outros não? Que implicações surgem do se sentar com Jesus para com Ele fazer uma refeição? A resposta à primeira pergunta está contida na compreensão da segunda, ou seja, só poderemos saber por que uns aceitam cear com Jesus e outros não quando soubermos o que significa, e quais as implicações, desse estar juntos numa refeição com o Mestre.

Na cultura de Jesus, comer com alguém era algo muito mais profundo e significativo do que a forma com que compreendemos essa prática nos dias de hoje. Desde o Antigo Testamento, comer com alguém já significava fazer aliança. Na aliança que Abimelec fez com Isaac, a Escritura diz o seguinte: "Então lhes fez um banquete, e comeram e beberam. E levantaram-se de madrugada, e juraram um ao outro" (Gn 26,30-31). Quando pessoas se reuniam para uma refeição, faziam mais do que comer; elas partilhavam de alguma forma suas vidas, projetos e ideais. Faziam aliança umas com as outras. Declarar que o Reino é um banquete é dizer, portanto, que ele significa um encontro de pessoas que desejam partilhar suas vidas, assumindo uma aliança que as compromete num destino comum.

Aquelas muitas pessoas da parábola que foram chamadas à refeição estavam sendo, na verdade, convidadas à caminhada junto com Jesus para a construção do Reino. Isso significava (e ainda significa, mesmo que não estejamos tão interessados) partilhar com ele de sua vida e dos sonhos e projetos que ela representava. "Do pão o homem precisa. Não do que só mata a fome, mas do que faz o homem, homem. Deste pão ele precisa." Por que aquele primeiro grupo de pessoas da parábola não aceitou ir ao banquete? Lendo o texto a partir de seu contexto, é possível dizer que eles não aceitaram porque não queriam partilhar suas vidas, consumindo-as na realização dos projetos e ideais de Jesus. Não queriam comer com Jesus porque não queriam fazer uma aliança com ele.

O banquete está posto, e nós onde estamos?

Não queriam comer com ele porque não suportavam a ideia de serem impregnados por aqueles ideais de vida que lhes exigiam partilhar suas existências como refeição para o fortalecimento das vidas de tantos outros. Não queriam comer daquele banquete, porque o que se faria ali era mais do que simplesmente comer. Não só o estômago estava sendo convidado, mas todo o corpo.

> Não basta comer.
> Não é só a fome.
> O pão deve estar cheio de amor.
> O corpo precisa sorrir...
> É por isso que o corpo inteiro é chamado:
> os olhos, o nariz, os ouvidos, companheiros da boca...
>
> (Rubem Alves, *Pai nosso*)

## 2ª estação – Com quem Jesus se sentou à mesa para comer? Esses foram os que aceitaram o convite para o banquete

> Então os servos saíram para as ruas e reuniram todas as pessoas que puderam encontrar, gente boa e gente má, e a sala do banquete de casamento ficou cheia de convidados (Mt 22,10).
>
> Estando Jesus em casa, foram comer com ele e seus discípulos muitos publicanos e pecadores. Vendo isso, os fariseus perguntaram aos discípulos dele: "Por que o mestre de vocês come com publicanos e pecadores?". Ouvindo isso, Jesus disse: "Não são os que têm saúde que precisam de médico, mas sim os doentes" (Mt 9,10.12).

No texto é apresentado o perfil daqueles que concretamente estiveram com Jesus ao longo de sua vida, compartilhando com ele o seu anúncio: a vida plena que surge do acolhimento do Reino de Deus. É surpreendente que entre os seguidores de Jesus, que com ele comiam

85

e bebiam, se encontrem os pecadores e publicanos, ou, como diz a parábola, "gente boa e gente má". A cultura dos tempos de Jesus colocava em destaque o significado de tantas refeições feitas com "aquele tipo de gente" no plano religioso e moral; para aqueles que estavam à mesa com o Mestre chegara o perdão dos pecados.

Essa prática, porém, trouxe muitos problemas para Jesus. As pessoas que o condenavam baseavam-se nos princípios de pureza que sua religião lhes dava. Um trecho da teologia judaica afirma que "um teólogo... não pode assentar-se à mesa junto com pessoas que não conhecem a Lei" (b. Ber. 43 b Bar). Porém, a palavra de Jesus (proclamada quando ele estava em meio a mais uma de suas refeições) a essa teologia foi: "Não são os que têm saúde que precisam de médico, mas sim os doentes". E Jesus acrescentou ainda aos teólogos de então, os homens do rigor doutrinário intelectual, que deveriam aprender o que significa isso: "Desejo misericórdia, não sacrifícios. Pois eu não vim chamar justos, mas pecadores" (Mt 9,13). Dessa forma, Jesus estava remetendo aqueles homens dedicados à razão teológica para a própria Escritura que eles haviam expulsado do calor e do afeto próprios do coração: "Pois desejo misericórdia, e não sacrifícios; conhecimento de Deus em vez de holocaustos" (Os 6,6). Dizendo que eles precisavam "aprender o significado" dessas palavras, Jesus os remete para uma outra instância de compreensão. Para uma outra forma de ler a Escritura que não fosse a simples literalidade que suas formações intelectuais lhes permitiam. É preciso aprender a ler a Escritura e a vida na perspectiva daqueles que estão diante de nós, sofrendo as marginalizações criadas por nossos sistemas sociais e religiosos fundamentados na suficiência da razão e da doutrina.

Trocando a sinagoga e o templo pelas casas e suas mesas, Jesus estava mudando a compreensão acerca das Escrituras que os líderes de então faziam. Nesse sentido, as refeições não eram algo como os nossos *fast food*, mas lugares de salvação, de restauração de dignidade. Por isso, quando o texto mostra alguém sentado à mesa com Jesus, o que se está fazendo é uma proclamação de um novo tempo de salvação. "Aceitando entre os seus companheiros de refeição gente desprezada, Jesus proclamava de modo mais claro, e também mais escandaloso, que é vontade de Deus acolher os pecadores" (Joachim Jeremias, *Estudos no Novo Testamento*).

## Passos a serem dados

- Que importância tem para você os encontros com amigos, em que se pode falar da vida em meio a boas gargalhadas e uma boa comida? Você considera esses momentos como parte de sua espiritualidade, ou como momentos secundários e dispensáveis?

- Com quem você tem convivido? Sua pertença a uma Igreja tem lhe afastado ou aproximado das pessoas de sua família, de seu trabalho, de seu colégio ou faculdade?

- Faça uma dinâmica com seu grupo de convívio na Igreja (quem sabe um churrasco), em que todos possam falar de suas vidas de forma descontraída; trabalhe os elementos espirituais dessa dinâmica.

# Jesus, comida para todos, caminho para alguns

> Homens na sua angústia se chegam a Deus,
> Imploram auxílio, felicidade e pão;
> Que salve de doença, de culpa e de morte os seus.
> Assim fazem todos, todos: cristão e pagão.
>
> Homens se aproximam de Deus, quando ele em dor,
> Acham-no pobre, insultado, sem agasalho, sem pão.
> Veem-no por nosso pecado vencido e morto, o Senhor;
> Cristãos permanecem com Deus na Paixão.
>
> Deus está com todos na sua angústia e dor.
> Ele dará de corpo e alma o eterno pão.
> Morre por cristãos e pagãos como salvador,
> E a ambos perdoa em sua paixão.
>
> (Dietrich Bonhoeffer, *Cristãos e pagãos*)

## Introdução

Jesus, que fez da mesa de refeições o altar para a afirmação da vida de homens e mulheres que aceitaram o convite do Reino de Deus, tornou-se ele mesmo comida e bebida para seus seguidores. Aqui vale a pena seguir a distinção que Roberto da Matta faz entre alimento e comida: alimento é tudo aquilo que uma pessoa pode ingerir; comida é o que se come com prazer, acompanhado sempre de ritos de encontro e comunhão. Nesse sentido, podemos dizer que Jesus não ofereceu nem se fez alimento, mas comida.

> Não basta comer.
> Não é só a fome.
> O pão deve estar cheio de amor.
> O corpo precisa sorrir...
>
> (Rubem Alves, *Pai nosso*)

## Itinerário bíblico-existencial

> Disse Jesus: "Mandem o povo assentar-se". Havia muita grama naquele lugar, e todos se assentaram. Eram cerca de cinco mil homens. Então Jesus tomou os pães, deu graças e os repartiu entre os que estavam assentados, tanto quanto queriam; e fez o mesmo com os peixes (Jo 6,10-11).
>
> "Eu sou o pão vivo que desceu do céu. Se alguém comer deste pão, viverá para sempre. Este pão é a minha carne, que eu darei pela vida do mundo [...]". Jesus lhes disse: "Eu lhes digo a verdade: se vocês não comerem a carne do Filho do homem e não beberem o seu sangue, não terão vida em si mesmos. Todo aquele que come a minha carne e bebe o meu sangue tem a vida eterna, e eu o ressuscitarei no último dia. Pois a minha carne é verdadeira comida e o meu sangue é verdadeira bebida" (Jo 6,51-55).

Os dois eventos que partilharemos nesse texto falam da relação de Jesus com a comida. No primeiro (Jo 6,10-11), Jesus multiplica pães e peixes compartilhando-os com a multidão que o acompanhava; no segundo (Jo 6,51-55), o próprio Mestre se diz comida sem a qual ninguém pode segui-lo. Mais uma vez estamos no domínio do paladar com sentido a partir do qual podemos conhecer a Jesus. Ele mesmo dirá: "Se vocês não comerem a carne do Filho do homem e não beberem o seu sangue, não terão vida em si mesmos" (Jo 6,53).

# 1ª estação – O necessário pão que perece

> Disse Jesus: "Mandem o povo assentar-se". Havia muita grama naquele lugar, e todos se assentaram. Eram cerca de cinco mil homens. Então Jesus tomou os pães, deu graças e os repartiu entre os que estavam assentados, tanto quanto queriam; e fez o mesmo com os peixes (Jo 6,10-11).

Há um ditado popular muito conhecido que diz que não devemos dar peixes às pessoas, mas ensiná-las a pescar. Há muita verdade na sabedoria popular; porém, também existem coisas perversas que precisam ser avaliadas. Certamente, "ensinar a pescar" é o mais adequado quando queremos construir uma sociedade de cidadãos e cidadãs dignos, que com seu próprio trabalho podem manter-se. Contudo, não podemos nos esconder atrás desse anseio justo para nos esquivarmos de nossa tarefa de matar a fome que existe a nossa volta. Em determinadas situações, é preciso alimentar antes para ensinar a pescar depois. Parece que é exatamente isso que Jesus fez com a multidão que o seguia.

O milagre da multiplicação dos pães é muito especial na tradição dos Evangelhos. Ele é comentado pelos quatro evangelistas, e isso não aconteceu com relação a nenhum outro milagre. Dar de comer e o que isso representa foi compreendido como central no ministério de Jesus pelos primeiros cristãos. O olhar de Jesus era sensível para a realidade das pessoas que o seguiam. "Levantando os olhos e vendo uma grande multidão que se aproximava, Jesus disse a Filipe: 'Onde compraremos pão para esse povo comer?'." Ter os olhos na realidade do povo é a melhor forma de se livrar de preconceitos e ideologias. Jesus olha para o povo e faz seus discípulos olharem também; dessa forma, o problema do povo assumido por Jesus é também um problema dos discípulos. Nos outros três Evangelhos (Mt 14,16; Mc 6,37; Lc 9,13), Jesus diz aos discípulos que vieram sugerir que ele despedisse o povo, que "eles mesmos lhes dessem de comer".

A inquietação que surgiu a partir da decisão de Jesus de alimentar todo aquele povo foi o quanto isso custaria e de onde tirariam esses "duzentos denários" (200 dias de trabalho). Logo o problema foi resolvido. Apareceram alguns discípulos dizendo: "Aqui está um rapaz com cinco pães de cevada e dois peixinhos, mas o que é isto para tanta gente?" (Jo 6,9). A pergunta que eles fazem é só pretexto para ressaltar a natureza da ação de Jesus que viria em seguida. Disse Jesus: "'Mandem o povo assentar-se'. Havia muita grama naquele lugar, e todos se assentaram. [...] Então Jesus tomou os pães, deu graças e os repartiu entre os que estavam assentados, tanto quanto queriam; e fez o mesmo com os peixes" (Jo 6,10-11). Primeiro os faz sentar: eles não iriam pegar um *alimento* daqueles e comê-lo de qualquer jeito; iriam saborear a *comida* que o Mestre lhes tinha providenciado. O que estava ocorrendo ali era um banquete. Logo em seguida Jesus continua revelando a natureza de sua ação milagrosa: ele toma os pães e peixes oferecidos por um jovem do povo e os multiplica à medida que os partilha. O milagre não é da criação de pães e peixes, mas da multiplicação. Dessa forma, todos estão envolvidos nele: os discípulos que organizam o povo, o jovem que oferece aquilo que tem e Jesus que age organizando a partilha multiplicadora. Tudo isso para oferecer o necessário pão que perece.

## 2ª estação – Comamos o pão que não perece

> A verdade é que vocês estão me procurando, não porque viram os sinais miraculosos, mas porque comeram os pães e ficaram satisfeitos. Não trabalhem pela comida que se estraga, mas pela comida que permanece para a vida eterna, a qual o Filho do homem lhes dará. Deus, o Pai, nele colocou o seu selo de aprovação (Jo 6,26-27).
>
> "Eu sou o pão vivo que desceu do céu. Se alguém comer deste pão, viverá para sempre. Este pão é a minha carne, que eu darei pela vida do mundo [...]". Jesus lhes disse: "Eu lhes digo a verdade: se vocês não comerem a

carne do Filho do homem e não beberem o seu sangue, não terão vida em si mesmos. Todo aquele que come a minha carne e bebe o meu sangue tem a vida eterna, e eu o ressuscitarei no último dia. Pois a minha carne é verdadeira comida e o meu sangue é verdadeira bebida" (Jo 6,51-55).

O povo que foi chamado a uma refeição com Jesus, a pegar a comida de suas mãos como um sinal de partilha de ideias e ideais, parece não ter entendido a profundidade daquele gesto do Mestre. Por isso, ele diz: "A verdade é que vocês estão me procurando, não porque viram os sinais miraculosos, mas porque comeram os pães e ficaram satisfeitos" (Jo 6,26). Aconteceu ali o que acontece muitas vezes hoje, diante de sinais que são uma espécie de placas sinalizadoras; nos detemos achando que aquele é o fim, que ali está a verdade. Quando fazemos isso, deixamos de perceber aquilo para o que o sinal está apontando. É como se quiséssemos ir para um determinado lugar e de repente parássemos diante de uma placa com o nome do lugar escrito e ali ficássemos julgando já ter chegado a nosso destino. Aquela multidão comeu e se fartou, mas não compreendeu em profundidade o que Jesus queria lhes dizer com aquele sinal.

"Eu sou o pão vivo que desceu do céu. Se alguém comer deste pão, viverá para sempre" (Jo 6,51). Aqui está a mensagem mais profunda: Aquele que providenciou a comida é ele mesmo a comida. Não uma comida que vê cessar seus efeitos e logo depois abre lugar novamente à fome, mas uma comida capaz de gerar vida plena. "Todo aquele que come a minha carne e bebe o meu sangue tem a vida eterna, e eu o ressuscitarei no último dia. Pois a minha carne é verdadeira comida e o meu sangue é verdadeira bebida" (Jo 6,55).

Esse jogo sacramental de sinais e símbolos o entorno da figura do pão é bela e profundamente iluminado por Leonardo Boff, quando comenta:

O pão lembra algo que não é pão. Algo que trans-cende o pão. O pão, por sua vez, é algo in-manente. Permanece aí. Tem seu peso. Sua composição de elementos empregados: farinha, ovos, água, sal e levedo. Sua opacidade. Esse pão (realidade in-manente) torna presente algo que não é pão (realidade trans-cendente). Como o faz? Pelo pão e através do pão. O pão se torna então trans-parente para a realidade trans-cendente. Ele deixa de ser puramente in-manente. Não é mais como os demais pães. É diferente. É diferente porque recorda e traz presente por si mesmo (in-manência) e através de si mesmo (trans-parência) algo que vai para além dele mesmo (trans-cendência) (LEONARDO BOFF, *Os sacramentos da vida e a vida dos sacramentos*).

Comer desse verdadeiro pão é perceber que a vida tem outras dimensões que não somente aquelas ligadas às necessidades mais simples. Embora pegar a comida para o sustento do corpo seja necessário, partilhar da vida e dos ideais de Jesus, que apontam para uma existência plena e plenamente partilhada, é ainda mais importante. Jesus estava chamando todo aquele povo, e nos está chamando também, a segui-lo, a fazer com ele uma aliança de vida. Isso era mais do que ver milagres e até do que ser beneficiado por eles. Isso é mais do que encher a barriga com pão ou a mente com ideias religiosas; é ter toda a vida preenchida pela dinâmica da partilha que faz multiplicar a vida plena; é fazer da vida uma refeição em que todos podem comer do pão que perece e sobretudo daquele que traz a plenitude.

Essa dimensão mais plena e profunda da relação com Jesus, representada pelo símbolo da comida, é tão importante para ele a ponto de dizer: "Se vocês não comerem [...] não terão vida em si mesmos" (Jo 6,53). Muitos o abandonaram naquele dia; porém, a exigência de estar integralmente com ele não foi relativizada. Os que se foram de fato não conseguiram compreender o que de mais profundo estava sendo dito pelo Mestre. Os que entenderam, poucos, na verdade, ficaram ainda mais

Jesus, comida para todos, caminho para alguns

apaixonados após aquela experiência. É como disse Pedro: "Senhor, para quem iremos? Tu tens as palavras de vida eterna" (Jo 6,68). Ou ainda, de forma mais dramática, como disse a poetisa:

> Pois não quero mais ser teu arauto.
> Já que todos têm voz,
> por que só eu devo tomar navios
> de rota que não escolhi?
> Por que não gritas, tu mesmo,
> a miraculosa trama dos teares,
> já que tua voz reboa
> nos quatro cantos do mundo?
> Tudo progrediu na terra
> e insistes em caixeiros-viajantes
> de porta em porta, a cavalo!
> Olha aqui, cidadão,
> repara, minha senhora,
> neste canivete mágico:
> corta, saca e fura,
> é um faqueiro completo!
> Ó Deus,
> me deixa trabalhar na cozinha,
> nem vendedor nem escrivão,
> me deixa fazer teu pão.
> Filha, diz-me o Senhor,
> eu só como palavras.

(Adélia Prado, *O poeta ficou cansado*)

## *Passos a serem dados*

- Antes de chamar o povo a uma relação mais profunda com ele, Jesus deu de comer a fim de saciar a fome do povo que o seguia. Como você entende essa ação de Jesus com relação à Igreja dos dias de hoje? Qual deve ser a posição da Igreja diante das pessoas que têm fome?

- Discuta com amigos sobre a diferença que há entre os que seguem Jesus somente até o ponto de serem saciados em suas necessidades e aqueles que o seguem partilhando com ele a vida, as ideias e os ideais. Você tem sido que tipo de seguidor?

- Ao ler o texto bíblico, você consegue perceber entre os símbolos apresentados o significado mais profundo que ele quer evidenciar?

# 5º Sentido Olfato

Bendita essa natureza
com as suas flores, rosas, açucenas, flores saudade,
bem-me-quer, dália, que a brisa leva os seus perfumes
aos montes, aos cumes, aos sonhos, ao lume...
que incendeia, sem combustão, com fogo do silente
amor,
De cada um, o coração...
Vai, perfuma aos ares etéreos,
Até o transcendental...
Invade as escarpas, as serranias...
Vai, induz o poeta à poesia...
Vai, perfuma os anjos, nas madrugadas
quando protegem as crianças...
Perfuma os pés dos arcanjos, oh!
flores dos colibris, das borboletas,
dos néctas e dos amores...
Perfuma meus dias,
dá-me inspiração, preciso de um pulmão que respire
poesia...
quero viver a cor da alegria
E do amor.

(Tarcísio Ribeiro Costa, *Perfume das flores*)

# 10
# A vida escondida entre dores e odores

Todos estão preparados para o início do culto.

É domingo à noite, e isso significa que as melhores roupas foram tiradas do armário...

No ar o cheiro agradável de certa mistura de aromas dos muitos perfumes e colônias.

De repente, aquele clima artificial de domingo à noite é quebrado por um lampejo de realidade que vai chegando rápido e cortante aos narizes educados dos cheirosos cristãos ali reunidos.

– Será que ele vai se sentar ao nosso lado?!

– Chega pra lá, ocupe esse espaço antes que ele veja.

– Deus me perdoe, mas não aguento nem vê-lo. De longe já sinto o mau cheiro.

A algazarra foi criada porque entrou no templo certo homem que vez ou outra teima em trazer para a Igreja uma parcela da realidade que ela não quer ver, e sobre a qual não se ouve muito nos espaços assépticos dos ritos religiosos.

Também, por que se deveria falar dessa desagradável realidade malcheirosa que teima em aparecer em nossas cidades, e ali em suas ruas onde andamos; em nossas igrejas, e ali em seus bancos onde nos sentamos? Por que dedicar tempo, palavras, olhares e ações a esses odores que mais lembram a morte que a vida?

De repente alguém tem uma brilhante ideia (brilhante não pela notória inteligência, mas pelo aspecto de brancura e limpeza que a tal ideia geraria) para solucionar aquele problema social detectado por tão distintos e religiosos narizes:

– Ô cidadão (um jeito um tanto irônico para descartar um problema)! – Onde você pensa que está indo?

Não dando ouvidos àquela interpelação, o homem continuava sua peregrinação em busca de um lugar de sossego onde pudesse descansar seu corpo surrado.

O homem de ideias brilhantes tomou consigo mais um guardião da eclesiástica paz ilusória e resolveu de uma vez por todas.

– Vamos! Fica ali fora do templo e quando acabar o culto lhe daremos alguma coisa para comer!

Dessa forma transcorreu mais um culto de domingo!

O nome do homem? Ih, não deu para perguntar.

Mas não há problema, seu cheiro sempre será lembrado.

(Anônimo)

# Introdução

O odor é o sentido que mais determina nossa proximidade ou distanciamento das coisas e das pessoas. Quando vemos algo que não nos agrada, podemos desviar os olhos sem com isso ter que alterar nosso caminho. Quando ouvimos alguma palavra ou som que nos incomoda, podemos fazer "ouvidos de mercador" e permanecer onde estamos. Porém, quando sentimos um cheiro desagradável, nossa tendência é o imediato afastamento daquela pessoa ou objeto. Afastar-se, porém, pelo cheiro de algo é não ter aproximado-se, é, portanto, não ter conhecido. E por que nos afastar daquilo que nem sequer conhecemos? Superar essa barreira invisível do odor é a única forma de nos aproximar e, então, conhecer

A vida escondida entre dores e odores

pessoas e realidades que estão encarceradas no domínio da morte social, cultural e religiosa. Educar esse nosso sentido é, portanto, uma tarefa urgente.

Os Evangelhos oferecem muitos exemplos da superação que Jesus fez da barreira do mau cheiro. Seu nascimento iniciou essa superação. Ele nasceu num estábulo impregnado do cheiro de animais. Ao longo de seu ministério, se aproximou de malcheirosos mendigos, tocou-lhes e os curou; esteve várias vezes compartilhando os mesmos espaços com os leprosos e seus odores próprios da doença que faz apodrecer a carne; os muitos dias de caminhada pelas pequenas estradas empoeiradas da Galileia, embaixo daquele sol escaldante, também fazia com que os corpos do Mestre e de seus discípulos exalassem certo odor pouco agradável.

## Itinerário bíblico-existencial

> Havia um homem chamado Lázaro. Ele era de Betânia, do povoado de Maria e de sua irmã Marta. *E aconteceu que Lázaro ficou doente.* Maria, sua irmã, era a mesma que derramara perfume sobre o Senhor e lhe enxugara os pés com os cabelos. Então as irmãs de Lázaro mandaram dizer a Jesus: "*Senhor, aquele a quem amas está doente*" [...]. Então lhes disse claramente: "Lázaro morreu, e para o bem de vocês estou contente por não ter estado lá, para que vocês creiam. Mas vamos até ele". [...] Quando Marta ouviu que Jesus estava chegando, foi encontrá-lo, mas Maria ficou em casa. Disse Marta a Jesus: "Senhor, se estivesses aqui, meu irmão não teria morrido. Mas sei que, mesmo agora, Deus te dará tudo o que pedires". Disse-lhe Jesus: "O seu irmão vai ressuscitar". Marta respondeu: "Eu sei que ele vai ressuscitar na ressurreição, no último dia". Disse-lhe Jesus: *"Eu sou a ressurreição e a vida. Aquele que crê em mim, ainda que morra, viverá"* [...]. Jesus, outra vez profundamente comovido, foi até o sepulcro. Era uma gruta com uma pedra colocada à entrada. *"Tirem a pedra",* disse ele. Disse Marta, irmã do morto: *"Senhor, ele já cheira mal, pois já faz quatro dias".*

> Disse-lhe Jesus: *"Não lhe falei que, se você cresse, veria a glória de Deus?"*. Então tiraram a pedra. Jesus olhou para cima e disse: "Pai, eu te agradeço porque me ouviste. Eu sei que sempre me ouves, mas disse isso por causa do povo que está aqui, para que creia que tu me enviaste". Depois de dizer isso, Jesus bradou em alta voz: *"Lázaro, venha para fora!"*. O morto saiu, com as mãos e os pés envolvidos em faixas de linho e o rosto envolto num pano. Disse-lhes Jesus: *"Tirem as faixas dele e deixem-no ir"* (Jo 11,1-44).

Pode parecer muito estranho e, até um tanto repugnante, chamar a atenção para esses detalhes. Porém, é importante fazê-lo porque quando lemos a Bíblia não utilizamos o olfato e, por isso, não percebemos o cheiro das muitas relações que Jesus manteve com as pessoas ao longo de seu ministério e todas as barreiras que ele teve de superar para comunicar a vida abundante a todos. Perceber isso pode nos ajudar a educar esse nosso sentido a fim de desenvolvermos uma ação cada vez mais semelhante à de nosso Mestre. Dentre todos os exemplos citados, há um que chama a atenção de forma especial: é o exemplo de Lázaro, o amigo de Jesus que adoeceu e morreu, sendo por ele ressuscitado. Vamos partilhar esse texto tentando ativar nossa memória olfativa.

## 1ª estação – Estive doente e me visitaste...

> Então as irmãs de Lázaro mandaram dizer a Jesus: "Senhor, aquele a quem amas está doente" (Jo,11,3).
>
> E colocará as ovelhas à sua direita e os bodes à sua esquerda. Então o Rei dirá aos que estiverem à sua direita: "Venham, benditos de meu Pai! Recebam como herança o Reino que lhes foi preparado desde a criação do mundo. Pois [...] estive enfermo, e vocês cuidaram de mim" (Mt 25,33-36).

Estar com pessoas doentes é uma das coisas mais difíceis. Não somente pela dor que sentimos ao ver o sofrimento e a debilidade que a doença impõe, mas também pelos cheiros que tal situação oferece e pelas lembranças que tais cheiros nos trazem à memória. Você se lembra

A vida escondida entre dores e odores

de alguma vez que tenha ido a um hospital? Lembra-se do cheiro dos remédios e do ambiente em geral? Não parece um cheiro de morte? É isso mesmo! Quando estamos diante de alguém que padece de uma enfermidade, aquilo que vemos é complementado pelo odor que sentimos; tudo isso ativa nossa memória que desperta em nós sentimentos ligados à morte. Quem sabe, por isso evitamos tanto esses momentos e, quem sabe também, exatamente por isso o Evangelho dê tanta importância a uma simples visita aos doentes, ao ponto de Jesus dizer que, quando fazemos isso estamos, na verdade, visitando a ele mesmo.

Para visitar alguém doente é necessário superar uma barreira interior – o medo da morte e das coisas relacionadas a ela – que o olfato ativa. Jesus estava em meio à multidão, falando do Reino de Deus, quando alguém veio lhe dizer que seu amigo estava doente. O "cheiro da morte estava no ar!". Naquele momento, o Mestre se encontrava em um lugar chamado Betânia, do lado direito do rio Jordão. Lázaro estava em Betânia, próximo a Jerusalém. Embora as localidades tivessem o mesmo nome, ficavam a uma distância de cerca de 20 km, num percurso cheio de dificuldades geográficas, mas, sobretudo, de dificuldades criadas pela perseguição que Jesus vinha sofrendo: "Depois, disse aos seus discípulos: 'Vamos voltar para a Judeia'. Estes disseram: 'Mestre, há pouco os judeus tentaram apedrejar-te, e assim mesmo vais voltar para lá?' [...]. 'Nosso amigo Lázaro adormeceu, mas vou até lá para acordá-lo'" (Jo 11,7-11). Superando todas as barreiras, Jesus foi ter com seu amigo e com a família dele, mesmo sabendo que a morte havia chegado antes.

# 2ª estação – Na superação das barreiras está a afirmação da vida

"O seu irmão vai ressuscitar." Marta respondeu: "Eu sei que ele vai ressuscitar na ressurreição, no último dia". Disse-lhe Jesus: "*Eu sou a*

103

*ressurreição e a vida. Aquele que crê em mim, ainda que morra, viverá"* (Jo 11,23-25).

Muitas coisas aconteceram ao longo do tempo entre a notícia da doença de Lázaro e a chegada de Jesus para estar com seu amigo. Porém, todas elas estavam próximas de ceder espaço àquilo que estava por acontecer. Quando nossas barreiras são superadas, o horizonte à nossa frente se abre de forma espetacular. Jesus já não encontrou mais seu amigo com vida, porém sua presença, além do consolo, garantia restauração dos danos que a morte trouxe àquela família. "Eu sou a ressurreição e a vida", disse Jesus. Porém, o que estava no ar era o cheiro de morte que apavorava a família, os amigos e os curiosos que ali se ajuntavam. Aquele ambiente carregado de muitos odores fazia com que todos pensassem em suas próprias vidas, e mais, em suas próprias mortes. É nesse momento que a presença de alguém que conseguiu superar seus próprios medos – e, por isso, pode aproximar-se de situações de morte apesar do cheiro exalado – é tão importante. Jesus, como homem livre de barreiras, poderia colocar todos os seus sentidos para a afirmação da vida de seu amigo.

# 3ª estação – Enfrentando os piores odores para afirmar a vida

> Jesus, outra vez profundamente comovido, foi até o sepulcro. Era uma gruta com uma pedra colocada à entrada. *"Tirem a pedra"*, disse ele. Disse Marta, irmã do morto: *"Senhor, ele já cheira mal, pois já faz quatro dias"*. Disse-lhe Jesus: *"Não lhe falei que, se você cresse, veria a glória de Deus?"* (Jo 11,38-40).

Estando ali, Jesus pôs-se a enfrentar a maior barreira que estava representada pela pedra colocada na entrada do túmulo de Lázaro. "Tirem a pedra." Ao ouvirem o que Jesus pedia, todos se sentiram mal. Marta expressa o mal-estar coletivo de entrar em contato com a morte, usando o argumento que lhe impunha a distância daquela situação: "Senhor, ele já cheira mal". Seria esse um motivo justo para não comunicar a vida a Lázaro? Seria esse um motivo justo para não nos aproximarmos de tantas pessoas que perambulam em nossas cidades e Igrejas? A resposta de Jesus a isso é não: "Não lhe falei que, se você cresse, veria a glória de Deus?". A pedra foi tirada, os estômagos embrulhados, e os olhos maravilhados por aquilo que acontece quando as barreiras são superadas em nome da afirmação da vida. "Então tiraram a pedra [...]. Jesus bradou em alta voz: 'Lázaro, venha para fora!' O morto saiu..." (Jo 11,43-44).

Aquele episódio não havia terminado ainda. O morto saiu, com as mãos e os pés envolvidos em faixas de linho e o rosto envolto num pano. Disse-lhes Jesus: "Tirem as faixas dele e deixem-no ir" (Jo 11,44). Essas palavras foram dirigidas àqueles que acompanhavam o que estava acontecendo, a fim de envolvê-los na mesma dinâmica de ação livre e afirmadora de vida que Jesus vivia. Eles também precisariam se aproximar de Lázaro, sentir o cheiro de morte que saía de seu túmulo, desatar as faixas entranhadas da podridão que sua enfermidade lhe trouxe, em suma, eles deviam também superar sua barreiras para se tornarem livres e anunciadores da vida. Mas aquelas palavras não foram apenas para os que estavam naquele dia, são também para nós...

## Passos a serem dados

- Leia para alguém a história que inicia esta lição e proponha uma partilha sobre as semelhanças e diferenças com nossas Igrejas.
- Leia Mt 25,31-46 e tente perceber a importância que Jesus dá a certos atos que exigem de nós a superação de algumas barreiras que temos.
- Faça uma relação das barreiras que você tem para se aproximar de certas pessoas ou situações; enfoque, sobretudo, aquelas relacionadas com o olfato.

# 11
## Exalando o bom perfume da vida

Todo poema carrega seu cheiro.
Se o poema é sério, engajado,
tem cheiro amadeirado,
cheira o suor
trabalho daquele que é explorado.

Se novo,
o fresco cheiro de hortelã.
Se é de saudade,
tem cheiro de flor do campo.
Poema de criança tem cheiro de bala.

Não diferente,
este poema carrega seu cheiro,
um poema delicado,
dedicado àquele que me é agradável.

Cheira molhado,
feito cheiro de chuva.
Cheira café de fazenda,
um cheiro aconchegante,
feito cheiro de colo de mãe.

Cheira lençol de amor,
cheira mar,
cheira cabelo lavado.
Este poema tem seu cheiro,
cheira beijo de amor novo.

(*Poema de cheiro.*
Extraído de: <http://maldesenhada.blogspot.com>)

# Introdução

Ah, quantos cheiros temos na memória! Uma tarde chuvosa, uma manhã na praia, uma noite com quem se ama... Todas estas lembranças deixam gravadas em nossa memória um odor. Anos depois sentimos novamente aquele cheiro e, de imediato, nos lembramos nitidamente daquelas cenas.

Também nós imprimimos, na memória das pessoas com as quais nos relacionamos, algum tipo de cheiro; nossas ações deixam marcas que lembram a fertilidade da Primavera, ou a escuridão do Inverno. Cada uma dessas coisas tem um cheiro. Somos capazes de exalar o cheiro bom da vida, mas também o odor da morte. Quanto mais próximos da fonte aromática da vida, mais exalaremos seu bom perfume: "Porque para Deus somos o aroma de Cristo entre os que estão sendo salvos e os que estão perecendo. Para estes somos cheiro de morte; para aqueles, fragrância de vida" (2Cor 2,15-16).

# Itinerário bíblico-existencial

Seis dias antes da Páscoa, Jesus chegou a Betânia, onde vivia Lázaro, a quem ressuscitara dos mortos. *Ali prepararam um jantar para Jesus.* Marta servia, enquanto Lázaro estava à mesa com ele. *Então Maria pegou um frasco de nardo puro, que era um perfume caro, derramou-o sobre os pés de Jesus e os enxugou com os seus cabelos. E a casa encheu-se com a fragrância do perfume.* [...] Enquanto isso, uma grande multidão de judeus, ao descobrir que Jesus estava ali, veio, não apenas por causa de Jesus, mas também para ver Lázaro, a quem ele ressuscitara dos mortos. Assim, os chefes dos sacerdotes fizeram planos para matar também Lázaro, pois por causa dele muitos estavam se afastando dos judeus e crendo em Jesus (Jo 12,1-11).

No texto que agora vamos refletir, perceberemos como a vida deve ser festejada com toda beleza e intensidade, e como essa celebração exala seu cheiro, que de certa forma inebria as pessoas, ajudando-as a também se

Exalando o bom perfume da vida

derramarem como perfume nos pés de Jesus, o Mestre. O ambiente da festa, com todos os seus cheiros, gera o clima para gestos de gratidão e adoração.

## 1ª estação – Hum! Que cheiro bom de vida!

> Seis dias antes da Páscoa, Jesus chegou a Betânia, onde vivia Lázaro, a quem ressuscitara dos mortos (Jo 12,1).

O cenário era bem diferente daquele que apresenta o capítulo anterior do Evangelho de João, no qual a tristeza pela morte de Lázaro exalava seu odor por toda a sua casa e por boa parte de Betânia, chegando mesmo a Jesus e a seus discípulos. Agora o clima é de festa. Mais uma vez, estão todos e todas ao redor de uma mesa celebrando a vida (de Lázaro, mas também de cada um) com cantorias, comidas e bebidas. Como é importante saber celebrar a vida! Essa é uma das mais difíceis artes que nós humanos temos que aprender: festejar a vida prazerosamente, sobretudo aquela que renasce, em companhia de pessoas amadas. Como disse o velho pastor e poeta:

> Invocações de alegria e beleza.
> Quem tem alegria e ama a beleza luta melhor.
> Os corpos ressuscitados são guerreiros mais belos
> porque trazem nas suas mãos as cores do arco-íris.
> E os corpos se transformam então em semente que engravida a terra
> para que nasça o futuro.
>
> (Rubem Alves, *Creio na ressurreição do corpo*)

O cheiro da morte de Lázaro foi substituído pelo aroma da refeição colocada sobre a mesa, do vinho derramado sem medida nos copos, nos lábios e nos corações. Os odores das dores vividas cederam espaço ao bom cheiro da vida. Isso merece festa. Isso merece celebração. Jesus, seus discípulos e discípulas e a família de Lázaro – ele e suas irmãs – não se furtaram à festa. Aliás, Jesus sabia como ninguém viver todos os momentos da vida: quando o cheiro da morte chegou, soube entristecer-se por causa de seu amigo; quando o teve de volta, soube festejar com todas as cores, sabores e aromas que estavam a sua disposição.

## 2ª estação – O perfume que exala de um coração agradecido

> Então Maria pegou um frasco de nardo puro, que era um perfume caro, derramou-o sobre os pés de Jesus e os enxugou com os seus cabelos. E a casa encheu-se com a fragrância do perfume (Jo 12,3).

Festejar a vida é expressar gratidão diante do mistério que a todos envolve e a todos sustenta. Por isso, gratidão diante do simples fato de existirmos é a melhor forma de louvor perante aquele do qual surge toda a existência. Porém, agradecer não é uma coisa tão fácil. Gratidão é uma postura que precisa ser aprendida e desenvolvida. Para esse aprendizado, o ambiente ajuda muito; o que acontece ao redor pode contribuir para que cada pessoa consiga fazer de sua própria vida um aroma agradável que chegue a Deus como perfume de adoração.

Os muitos encontros afetivos de Jesus com as mais diferentes pessoas tinham, entre outras, a intenção de criar ambientes de festa e gratidão. Também por isso, ele trocou os lugares por demais formais, como o templo e as sinagogas, por casas, praças e tantos outros espaços onde as pessoas conviviam umas com as outras. Não era, e ainda não é, suficiente viver a fé nos moldes da formalidade para desenvolver hábitos de gratidão. Na casa de Lázaro, onde Jesus estava ensinando a todos e a todas como celebrar a vida, demonstrando dessa forma a gratidão a Deus, surgiu um dos mais impressionantes e aromáticos atos de gratidão que os Evangelhos apresentam.

"Então Maria pegou um frasco de nardo puro, que era um perfume caro, derramou-o sobre os pés de Jesus." Envolvida pelo ambiente de fes-

Exalando o bom perfume da vida

ta e gratidão exalado pelos cheiros da comida e da bebida, Maria sente-se envolvida e encorajada a fazer sua própria libação diante daquele que pode restaurar a vida e a dignidade. Antes, Maria havia desabafado toda sua frustração diante de Jesus pela morte de seu irmão. Ela disse: "Senhor, se estivesses aqui meu irmão não teria morrido" (Jo 11,32). Agora ela estava pronta para superar a frustração que a morte de seu irmão lhe havia causado, e dar um passo de adoração, manifestando sua gratidão pelo retorno da vida que a ressurreição representava.

A forma que Maria encontrou para demonstrar sua gratidão foi cheia de significado: contrastando o bom cheiro de seu perfume com o cheiro mau do corpo morto de seu irmão. Com isso ela superava a frustração e o desespero diante da morte – representado por aquele cheiro de podridão –, pela gratidão e esperança diante da vida – representada pelo perfume derramado aos pés de Jesus. O tamanho de sua gratidão (Judas diz que o perfume custava trezentos denários = trezentos dias de trabalho) estava diretamente relacionado com o tamanho de seu desespero. Porém, um coração grato e o perfume que ele exala têm sempre maior alcance que quaisquer outros atos e sentimentos. O Evangelho diz que "a casa encheu-se com a fragrância do perfume". Aquele encontro de Jesus na casa de Lázaro já havia cumprido dessa forma seu propósito: a morte e o desespero que dela surge cedeu espaço à vida e a gratidão diante dela. À ressurreição de Lázaro somava-se a ressurreição de Maria.

## 3ª estação – Ações perfumadas que beneficiam a muitos

> Quando derramou este perfume sobre o meu corpo, ela o fez a fim de me preparar para o sepultamento. Eu lhes asseguro que em qualquer lugar do mundo inteiro onde este Evangelho for anunciado, também o que ela fez será contado, em sua memória (Mt 26,12-13).

111

Aquele ato aromático de Maria imediatamente beneficiou todas as pessoas que estavam em sua casa; todos puderam sentir o bom cheiro de seu coração agradecido, o bom cheiro da celebração da vida, o bom cheiro da festa. Aquela casa estava tão diferente comparando-a a dias atrás!

Mas os efeitos daquela atitude não se restringiram somente às paredes da casa de Maria. Segundo o próprio Jesus, na narrativa do Evangelho de Mateus, o perfumado ato de Maria teria uma espécie de alcance profético e memorial que a todos convidaria para a mesma atitude de gratidão pela vida restaurada e protegida: "Eu lhes asseguro que em qualquer lugar do mundo inteiro onde este Evangelho for anunciado, também o que ela fez será contado, em sua memória". Nesse sentido, também nós podemos sentir tal perfume, e repetir tal ato de festa e celebração da vida e da esperança.

## Passos a serem dados

- Você consegue festejar a vida diante das belas coisas que ela apresenta com a mesma intensidade que a lamenta em momentos de dor e perda?

- Reserve alguns momentos com amigos e familiares para anotar os testemunhos das coisas que aconteceram ao longo dos últimos dias e que merecem ser festejadas.

- Por fim, compartilhe honestamente se sua comunidade e suas vivências em família servem como estímulo para que as pessoas desenvolvam hábitos de gratidão e festa.

# 6º Sentido
# Intuição

No mistério do sem-fim,
Equilibra-se um planeta.

E, no planeta, um jardim;
E, no jardim, um canteiro;
No canteiro uma violeta,
E, sobre ela, o dia inteiro,

Entre o planeta e o sem-fim,
A asa de uma borboleta.

(Cecília Meireles, *Canção mínima*)

# 12
# A verdade entre a racionalização da Lei e a intuição da vontade de Deus

> Meu *coração* parece um
> ser distinto de mim
> sempre contrariando
> a minha *razão*
> Age pela emoção
> Só obedece à *intuição*
> Não aceita da sociedade
> qualquer imposição [...]
> Ironiza minha sensatez
> Não aceita racionalização [...]
> Normas e procedimentos
> não fazem parte do seu jargão
> Viaja pelas poesias
> sob os ventos das canções [...]
> Navega no barco do amor nos mares da *imaginação*.
>
> (Joe' A, *Amor, intuição... razão...*
> Extraído de: <http://amizadepoesia.wordpress.com>)

## Introdução

No senso comum, as decisões da vida podem vir de dois "lugares" da existência: da cabeça e do coração. Isso significa que a pessoa pode tomar decisões baseadas na razão ou no sentimento. Dessa forma, o ser humano está sempre dividido em seguir as normas construídas pela racionalidade ou se mover por suas emoções. Em nossa sociedade e também em nossas Igrejas, sobretudo naquelas chamadas de históricas ou conservadoras, as decisões acertadas sempre partem da cabeça, da razão, da racionalidade. Os outros acabam sendo descartados como sendo sentimentalistas e de pouca inteligência.

Esse tipo de divisão que afirma a razão como expressão de maturidade e o coração como expressão de imaturidade, tem sua origem em alguns movimentos científicos e filosóficos gestados na Modernidade. Nesse momento a pessoa era definida por sua capacidade de racionalizar tudo, inclusive a fé. Entretanto, a sabedoria antiga, e com ela também o texto bíblico, confere ao coração o centro mesmo do conhecimento de Deus, compreendendo que o entendimento humano pode ser um perigo para quem nele deposita toda a sua vida: "Confie no Senhor de todo o seu coração e não se apoie em seu próprio entendimento" (Pv 3,5). Nesse sentido a elevação da razão ao trono da vida humana pode ser um enorme obstáculo para o conhecimento da verdade das coisas e até do próprio Deus. Na linguagem bíblica não é, portanto, pela racionalização que se chega à verdade, mas por um contato direto com Deus, que se mostra a todo coração que se abre a ele: a isso se chama intuição.

> Moro na transparência desses olhos,
> nas flores do narciso, em seus sinais.
>
> Quando a Beleza fere o coração
> a sua imagem brilha, resplandece.
> O coração enfim rompe o açude
> e segue velozmente rio abaixo.
>
> Move-se generoso o coração,
> ébrio de amor, em sua infância, e salta,
> inquieto, e se debate; e quando cresce,
> põe-se a correr de novo enamorado.

A verdade entre a racionalização da Lei e a intuição da vontade de Deus

> O coração aprende com Seu fogo
> a chama imperturbável desse amor.
>
> (Rûmî, *Moro na transparência desses olhos*)

Do coração vem o culto a Deus: "Sirvam o Senhor de todo o coração" (1Sm 12,20); nele deve ser cultivado o amor ao Senhor: "Ame o Senhor, o seu Deus, de todo o seu coração" (Dt 6,5); nele Deus se derramou: "Deus derramou seu amor em nossos corações, por meio do Espírito Santo que ele nos concedeu" (Rm 5,5); para que então pudéssemos chamá-lo de Pai: "Deus enviou o Espírito de seu Filho ao coração de vocês, e ele clama: 'Abba, Pai'" (Gl 4,6).

# Itinerário bíblico-existencial

Não pensem que vim abolir a Lei ou os Profetas; não vim abolir, mas cumprir. Digo-lhes a verdade: Enquanto existirem céus e terra, de forma alguma desaparecerá da Lei a menor letra ou o menor traço, até que tudo se cumpra. Todo aquele que desobedecer a um desses mandamentos, ainda que dos menores, e ensinar os outros a fazerem o mesmo, será chamado menor no Reino dos céus; mas todo aquele que praticar e ensinar estes mandamentos será chamado grande no Reino dos céus. [...]

Vocês ouviram o que foi dito aos seus antepassados: "Não matarás" e "quem matar estará sujeito a julgamento". Mas eu lhes digo que qualquer que se irar contra seu irmão estará sujeito a julgamento. Também, qualquer que disser a seu irmão: "Racá", será levado ao tribunal. E qualquer que disser: "Louco!", corre o risco de ir para o fogo do inferno. [...]

Vocês ouviram o que foi dito: "Olho por olho e dente por dente". Mas eu lhes digo: Não resistam ao perverso. Se alguém o ferir na face direita, ofereça-lhe também a outra. E se alguém quiser processá-lo e tirar-lhe a túnica, deixe que leve também a capa. Se alguém o forçar a caminhar com ele uma milha, vá com ele duas. Dê a quem lhe pede e não volte as costas àquele que deseja pedir-lhe algo emprestado.

Vocês ouviram o que foi dito: "Ame o seu próximo e odeie o seu inimigo". Mas eu lhes digo: Amem os seus inimigos, e orem por aqueles que os perseguem, para que vocês venham a ser filhos de seu Pai que está nos céus. Porque ele faz raiar o seu sol sobre maus e bons e derrama chuva sobre justos e injustos. Se vocês amarem aqueles que os amam, que recompensa vocês receberão? Até os publicanos fazem isso! E se saudarem apenas os seus irmãos, o que estarão fazendo de mais? Até os pagãos fazem isso! Portanto, sejam perfeitos como perfeito é o Pai celestial de vocês (Mt 5,17-48).

Isso tudo não expulsa a razão da vida humana, nem tampouco a exclui das tomadas de decisão que todos nós fazemos. Porém, nos possibilita perceber que a cabeça não é o único órgão que temos para decidir as coisas de nossa vida, nem tampouco para conhecer a Deus e conviver com sua vontade para nós e para nossos irmãos e irmãs de caminhada. A seguir, vamos partilhar experiências de Jesus e de seus discípulos nas quais eles dão fortes exemplos de vida em que a verdade é experimentada no espaço do coração, por via do que chamamos intuição.

# 1ª estação – As limitações da racionalização doutrinária

Não pensem que vim abolir a Lei ou os Profetas; não vim abolir, mas cumprir. Digo-lhes a verdade: Enquanto existirem céus e terra, de forma alguma desaparecerá da Lei a menor letra ou o menor traço, até que tudo se cumpra. Todo aquele que desobedecer a um desses mandamentos, ainda que dos menores, e ensinar os outros a fazerem o mesmo, será chamado menor no Reino dos céus; mas todo aquele que praticar e ensinar estes mandamentos será chamado grande no Reino dos céus (Mt 5,17-19).

Com certeza, Jesus respeitava e vivia o sentido profundo da Lei, na medida em que ela era a expressão da vontade de Deus. Nos dias do Mestre de Nazaré, os fariseus, um grupo entre os judeus, que se diziam ser os maiores responsáveis por guardar, interpretar e ensinar a Lei aos demais judeus,

A verdade entre a racionalização da Lei e a intuição da vontade de Deus

foram considerados por muitos, inclusive por eles mesmos, como a nata de sua sociedade, como os mais puros de sua época. A forma de interpretar a Lei utilizada pelos fariseus era basicamente dependente da razão doutrinária, ou seja, ela era submetida a um conjunto de regras, procedimentos e normas que garantiam seu rigor e que condicionavam todos os atos da vida de um judeu, de tal forma que o princípio da liberdade e da vida era substituído pela superficial, mas necessária, observação de um sem-fim de preceitos.

Ao todo surgiram 613 preceitos ligados à Lei, e a estes era exigido o pleno cumprimento sob pena de exclusão social e religiosa. Bem, não é à toa que, se olharmos com atenção os Evangelhos, veremos Jesus em inúmeros conflitos com os fariseus. A eles disse Jesus, citando o profeta Isaías: "Este povo me honra com os lábios, mas o seu coração está longe de mim. Em vão me adoram; seus ensinamentos não passam de regras ensinadas por homens. Vocês negligenciam os mandamentos de Deus e se apegam às tradições dos homens" (Mc 7,6-7).

Se por um lado Jesus disse: "Não pensem que vim abolir a Lei ou os Profetas; não vim abolir, mas cumprir", por outro ele criticou profundamente a forma com que os religiosos de seu tempo interpretavam a Lei. Quando o Mestre fazia tais críticas não era à Lei que ele se dirigia, mas o que a razão farisaica (uma razão doutrinária muito semelhante à nossa) fazia com ela. A Lei para Jesus devia estar a serviço do ser humano e não o contrário. Para recolocar a Lei em seu lugar Jesus submeteu todas as regras doutrinárias à vida concreta das pessoas. O centro do Juízo de toda a realidade não era mais as mentes farisaicas cheias de normas e preceitos, mas o coração do Mestre, de onde por intuição ele retirava interpretações de vida e dignidade. Jesus, mais do que pensar a partir de estruturas doutrinárias, agiu segundo seu coração lhe dirigia. Isso porque em seu coração ele fazia a experiência do conhecimento da vontade do Pai.

119

## 2ª estação – A intuição como caminho para a essência da vontade de Deus

> Vocês ouviram o que foi dito aos seus antepassados: [...] Mas eu lhes digo [...] (Mt 5,21).

A razão leva quase sempre a fórmulas e regras doutrinárias; a intuição por sua vez pode conduzir de forma mais eficaz à essência da vontade de Deus. Com a intuição coloca-se em jogo uma visão central, que não se detém em aspectos secundários, mas vai direto à própria "coisa em si", ou seja, a intuição nos permite desembaraçar daquilo que é construído por mentes burocráticas e ir ao centro mesmo da vontade de Deus, que já está presente desde sempre nos corações humanos.

Quando Jesus diz: "Vocês ouviram o que foi dito aos seus antepassados: [...] Mas eu lhes digo [...]", Ele está exatamente indo à essência da Lei, está abandonando as normas e preceitos criados pela razão doutrinária dos mestres fariseus e mergulhando naquilo que há de mais central na vontade de Deus: a afirmação da vida e da dignidade de homens e mulheres. O uso de sua capacidade intuitiva possibilitou que Jesus revelasse dessa forma a própria face de Deus e toda a sua gratuidade: "Quem me vê, vê aquele que me enviou" (Jo 12,45).

Após cada expressão "mas eu lhes digo", segue uma sentença de retorno ao coração da Lei: "*Mas eu lhes digo* que qualquer que se irar contra seu irmão estará sujeito a julgamento" (Mt 5,22); não somente matar o corpo, mas também matar o outro no coração, ambos conduzem ao julgamento. Afinal de contas, toda morte já começa no coração do assassino antes mesmo de suas mãos se mexerem. "*Mas eu lhes digo*: Não resistam ao perverso. Se alguém o ferir na face direita, ofereça-lhe também a outra. E se alguém quiser processá-lo e tirar-lhe a túnica, deixe que leve também a capa" (Mt 5,39-40); as regras para o exercício da justiça baseadas na razão humana que pede o justo pagamento das faltas são substituídas pela gratuidade e pelo perdão. *"Mas eu lhes digo*: Amem os seus inimigos e orem por aqueles que os perseguem, para que vocês venham a ser filhos de seu Pai que está nos céus" (Mt 5,44-45); não basta a formalidade das relações com aqueles que nos agradam, é necessário encontrar-se com todos para com eles partilhar a gratuidade que a nós todos alcançou independentemente de nossos méritos ou da falta deles.

Essa profundidade da Lei, os mestres da razão doutrinária de ontem e de hoje não conseguem alcançar. Por isso eles se dirigem à superficialidade das coisas, raramente conseguindo tocar na essência da vontade de Deus que a todos quer surpreender com a novidade de vida. Suas cabeças feitas pela ilusão da suficiência da razão não lhes permite perceber que as profundidades da existência humana só são alcançadas pelos recursos do coração, aos quais se chega pela intuição.

## *Passos a serem dados*

- Pegue uma folha de papel e anote todas as vezes em que você passou pela experiência de ter uma intuição a respeito de algo que, pela razão, você não estava conseguindo compreender.

- Medite sobre como você lê e interpreta a Escritura Sagrada. Seus olhos tendem a pousar sobre coisas ligadas ao cumprimento de normas e preceitos, ou às coisas ligadas à gratuidade e à liberdade?

- Pesquise o que as pessoas do seu convívio pensam sobre a ação da Igreja (lembrando-se de que a Igreja é também formada por você), e se ela está mais baseada na razão doutrinária que privilegia a cabeça, ou na intuição que privilegia o coração.

# 13
# Fé e intuição na construção de uma vida nova

Um ateu caiu de um penhasco. Enquanto rolava para baixo, agarrou o galho de uma arvorezinha. Ali ficou pendurado entre o céu lá em cima e os rochedos a uns trezentos metros abaixo, sabendo que não seria capaz de aguentar muito mais tempo.

De repente, teve uma ideia:

– Deus! – gritou mais uma vez. – Se o Senhor existe, salva-me e prometo crer no Senhor e ensinar outros a crerem também.

Silêncio de novo! Então, quase soltou o galho de susto quando ouviu uma voz poderosa retumbar através da garganta rochosa:

– Isso é o que todos dizem quando estão em dificuldades.

– Não, Deus, não! – berrou, agora mais esperançoso. – Não sou como os outros. Ora, já comecei a crer, não vê, depois que eu mesmo ouvi sua voz. Agora tudo o que tem a fazer é salvar-me e proclamarei seu nome até os confins da terra.

– Muito bem, disse a voz. – Vou salvá-lo. Solte esse galho.

– Soltar o galho? – bradou o tresloucado sujeito. – Pensa que sou louco?

(Anthony de Mello, *O enigma do iluminado*)

## Introdução

Um bom exemplo do que seja conhecimento intuitivo é o que a Bíblia chama de fé. Por ela a pessoa mobiliza todas as suas forças, não somente as racionais, como é o caso do racionalismo, para conhecer aquilo que lhe escapa aos olhos (por ser maior que qualquer objeto). Nesse sentido, a fé é a forma mais completa de conhecer a realidade da vida em suas dimensões mais profundas. Isso porque a experiência de fé é aquela que toca o mais profundo da existência humana; desta forma a pessoa diante de qualquer situação pode tirar forças que lhe permitam ver o que está acontecendo naquele momento e aquilo que está por acontecer. A pessoa pode "soltar o galho" porque sabe que o que vem depois é o amparo das mãos estendidas de Deus a cuidar de possíveis feridas causadas pelos penhascos da vida.

## Itinerário bíblico-existencial

> Chegando Jesus à região de Cesareia de Filipe, perguntou aos seus discípulos: "Quem os outros dizem que o Filho do homem é?". Eles responderam: "Alguns dizem que é João Batista; outros, Elias; e, ainda outros, Jeremias ou um dos profetas". "E vocês?", perguntou ele. "Quem vocês dizem que eu sou?" Simão Pedro respondeu: "Tu és o Cristo, o Filho do Deus vivo". Respondeu Jesus: "Feliz é você, Simão, filho de Jonas! Porque isto não lhe foi revelado por carne ou sangue, mas por meu Pai que está nos céus" (Mt 16,13-17).

> Porque no Evangelho é revelada a justiça de Deus, uma justiça que do princípio ao fim é pela fé, como está escrito: "O justo viverá pela fé" (Rm 1,17).

Dizer que a fé toca o mais profundo de nossa vida, que a linguagem bíblica chama de coração, não é afirmar que outras áreas ficam de fora do ato de crer; antes, é dizer que entre todas as nossas capacidades de conhecimento, a fé é aquela capaz de tocar em corredores da nossa alma que nenhuma outra coisa, nem mesmo a razão, pode alcançar. Isso quer dizer que a fé não é irracional, mas "ela ultrapassa cada uma das áreas da vida humana ao mesmo tempo em que se faz sentir em cada uma delas" (Paul Tillich, *Dinâmica da fé*).

Nesse sentido, não podemos confundir fé com sentimento. Embora a vivência da fé contemple os sentimentos, ela não se baseia neles para sua existência. Isso pode nos ajudar a superar as críticas feitas à fé chamando-a de sentimentalismo. Fé é uma parte da existência humana dada por Deus para vivermos a vida em todas as suas dimensões, inclusive a do conhecimento, sobretudo, da realidade mais sublime entre todas que é Deus e sua graça revelada em Cristo Jesus. Como afirma Paulo: "Oro para que a comunhão que procede da sua fé seja eficaz no pleno conhecimento de todo o bem que temos em Cristo" (Fm 1,6).

## 1ª estação – Fé e intuição como caminho para a integralidade da vida

> "E vocês?", perguntou ele. "Quem vocês dizem que eu sou?" Simão Pedro respondeu: "Tu és o Cristo, o Filho do Deus vivo". Respondeu Jesus: "Feliz é você, Simão, filho de Jonas! Porque isto não lhe foi revelado por carne ou sangue, mas por meu Pai que está nos céus" (Mt 16,14-17).

Nos dias que em que esta resposta de Pedro foi dada a Jesus, muitos estavam arriscando dizer quem era de fato o Mestre. Na mesma passagem encontramos várias opiniões: "Ele é um profeta, é João Batista...". Outros disseram: "Não é este o filho do carpinteiro? O nome de sua mãe não é Maria, e não são seus irmãos Tiago, José, Simão e Judas?" (Mt

13,55). Os fariseus o chamaram de enviado de Belzebu: "Mas quando os fariseus ouviram isso, disseram: 'É somente por Belzebu, o príncipe dos demônios, que ele expulsa demônios'" (Mt 12,24).

Todas essas respostas partem de uma determinada dimensão da existência daquelas pessoas, formando assim certo jeito de conhecer a Jesus; umas usam seus sentimentos, outras sua memória, outras ainda suas doutrinas. Pedro, porém, busca conhecer a Jesus a partir de sua intuição, de sua fé. Isso lhe possibilitou reunir todas as dimensões de sua vida naquela resposta certeira: "Tu és o Cristo, o Filho do Deus vivo". Vamos tentar perceber estas muitas respostas de forma mais detalhada.

- "Alguns dizem que é João Batista; outros, Elias; e, ainda outros, Jeremias ou um dos profetas" (Mt 16,14). Estas respostas foram dadas a partir de *sentimentos* que identificavam as obras de Jesus com certas esperanças de que o Messias se pareceria com alguns personagens da fé de Israel.

- "Não é este o filho do carpinteiro? O nome de sua mãe não é Maria, e não são seus irmãos Tiago, José, Simão e Judas?" (Mt 13,55). Essa identificação de Jesus dependeu basicamente da *memória* daquelas pessoas. Profissão, parentesco e endereço são informações que o povo tinha a respeito de Jesus e sua família. Conhecendo-o dessa forma, eles estavam limitando Jesus a ser um homem como os demais de sua época.

- "É somente por Belzebu, o príncipe dos demônios, que ele expulsa demônios" (Mt 12,24). Já os fariseus utilizam a *racionalidade* doutrinária para conhecer a Jesus e seus atos, a fim de desqualificá-lo.

*Fé e intuição na construção de uma vida nova*

- "Tu és o Cristo, o Filho do Deus vivo" (Mt 16,16). Pedro reúne os *sentimentos* nutridos ao longo de todo o tempo de caminhada com o Mestre, as *memórias* que tinha a respeito da figura histórica de Jesus, sua *racionalidade* teológica que o informava sobre as Escrituras e suas promessas acerca do Messias, e dá sua resposta à pergunta de Jesus. Porém, essa reunião de sentimento, memória e racionalidade foi costurada por aquela sua dimensão mais profunda que é a fé. A fé lhe possibilitou reunir todas as suas formas de conhecimento em favor de uma maior profundidade. A resposta de Jesus a Pedro mostra a superioridade da resposta do discípulo: "Isto não lhe foi revelado por carne ou sangue, mas por meu Pai que está nos céus" (Mt 16,17). Somente por aquele fantástico gesto de intuição, Pedro poderia discernir aquilo que lhe estava sendo revelado.

## 2ª estação – Fé como fundamento de uma nova vida

> Porque no Evangelho é revelada a justiça de Deus, uma justiça que do princípio ao fim é pela fé, como está escrito: "O justo viverá pela fé" (Rm 1,17).

Totalmente de acordo com o texto de Mateus 16,13-17 está Romanos 1,17. Da forma de conhecimento acerca de Jesus revelada na resposta de Pedro, ou seja, da fé como intuição diante da vontade e da Palavra de Deus, surgem os fundamentos para uma nova vida. O justo, que é aquele homem ou mulher que se abriu à graça de Deus que a todos é oferecida, deve viver pela fé e sua vida não poderá ser construída somente sobre uma de suas dimensões (sentimento, memória ou razão), mas sobre todas

127

reunidas e guiadas pela fé. A nova vida que Jesus, o Cristo, revela é uma vida integral que só pode ser compreendida por aqueles que passam pela peneira da fé todas as suas capacidades, certezas e emoções.

De fato, viver pela fé exige uma "conversão do olhar", ou seja, uma mudança de foco em nossos olhares, que deixam de se voltar continuamente para nossas próprias forças, capacidades e justiças, para se voltarem à novidade de vida para a qual o Evangelho nos convoca e a qual Jesus chamou Reino de Deus. De forma alguma isso pode ser confundido com um falso espiritualismo, em que tudo se resolve como que por mágica. A nova vida que nós podemos conhecer pela fé é ao mesmo tempo um convite à espiritualidade e à ética. Somente desenvolvendo essa nova ótica (conversão do olhar) é que podemos entrar na dinâmica do Reino que a todos chama a uma nova ética.

Pela fé, portanto, conseguimos redimensionar toda a nossa vida, reavaliar todo conceito de autossuficiência, redirecionar nosso foco e, com isso, viver a nova vida. Casimiro de Abreu expressou essa novidade que a fé oferece à vida, capaz de torná-la diferente, nos seguintes termos:

> Eu me lembro! [...] Era pequeno
> [...] o mar bramia
> E, erguendo o dorso altivo, sacudia
> A branca espuma para o céu sereno.
> E eu disse à minha mãe nesse momento:
> "Que dura orquestra! Que furor insano!
> Que pode haver maior do que o oceano,
> Ou que seja mais forte do que o vento?!"
> Minha mãe a sorrir olhou para os céus
> E respondeu: "Um Ser que nós não vemos.
> É maior do que o mar que nós tememos,
> Mais forte do que o tufão, meu filho: é Deus!".
>
> (Casimiro de Abreu, *Deus!*)

Fé e intuição na construção de uma vida nova

## *Passos a serem dados*

- Escreva numa folha de papel sua definição de fé e responda a importância que ela tem em sua vida, nas tomadas de decisão, nas escolhas que tem de fazer, na qualidade das relações com os outros...

- Em sua vida, a fé ocupa que lugar? Somente nas chamadas coisas espirituais, ou também nas suas relações com as outras pessoas?

- Partilhe com amigos o que a nova vida que deve ser vivida por fé tem a dizer para a sociedade onde está sua Igreja.

# Concluindo...

> A gente não quer só comida,
> a gente quer comida, diversão e arte
> a gente não quer só comida,
> a gente quer saída para qualquer parte,
> a gente não quer só comida,
> a gente quer bebida, diversão, balé
> a gente não quer só comida,
> a gente quer a vida como a vida quer
> [...]
> A gente não quer só comer,
> a gente quer comer e quer fazer amor
> a gente não quer só comer,
> a gente quer prazer pra aliviar a dor
> a gente não quer só dinheiro,
> a gente quer dinheiro e felicidade
> a gente não quer só dinheiro,
> *a gente quer inteiro e não pela metade.*
>
> (Titãs, *Comida*)

"A gente quer inteiro e não pela metade." Integridade: este é o desafio colocado para homens e mulheres que desejam seguir Jesus, o Cristo. Os obstáculos a essa vocação da inteireza humana são inúmeros, porém, todos têm uma mesma origem: o dualismo, das diversas matrizes, que fragmenta a existência e hierarquiza aquilo que nos foi dado de forma igualitária.

Embora existam tantos empecilhos à realização de uma humanidade integrada, vozes proféticas (às vezes cantadas, outras declamadas, ou ainda articuladas em prosa) rompem tais barreiras, denunciando a irredutibilidade do humano a qualquer parte, mesmo às mais excelentes como a razão.

"A gente não quer só comida, a gente quer comida, diversão e arte..." Eis uma dessas expressões proféticas que expressam o anseio da restauração da *imago Dei* nessa nossa frágil, mas única, possibilidade de existir. Em face da inteireza do Criador, nós, criados à sua imagem, somos seres da razão e dos sentidos, do corpóreo e do incorpóreo, de ideias e de beleza...

Quem sabe o pecado seja especificamente a instauração do dualismo na trajetória da existência humana. Perde-se assim a imagem do Inteiro, daquele que reúne em si tudo, revelando-se a totalidade da vida. Uma boa narrativa da condição antropológica fendida após o original pecado do dualismo nos é proposta pela poetisa quando diz:

> Ou se tem chuva e não se tem sol,
> ou se tem sol e não se tem chuva!
>
> Ou se calça a luva e não se põe o anel,
> ou se põe o anel e não se calça a luva!
>
> Quem sobe nos ares não fica no chão,
> quem fica no chão não sobe nos ares.
>
> É uma grande pena que não se possa
> estar ao mesmo tempo nos dois lugares!
>
> Ou guardo o dinheiro e não compro o doce,
> ou compro o doce e gasto o dinheiro.
>
> Ou isto ou aquilo: ou isto ou aquilo...
> e vivo escolhendo o dia inteiro!
>
> Não sei se brinco, não sei se estudo,
> se saio correndo ou fico tranquilo.
>
> Mas não consegui entender ainda
> qual é melhor: se é isto ou aquilo.
>
> (Cecília Meireles, *Ou isto ou aquilo*)

Do interior desse "ou isto ou aquilo" surge sempre a expressão da nostalgia da inteireza que denuncia: "Mas não consegui entender ainda qual é melhor: se é isto ou aquilo". Mesmo que às vezes as muitas *logias* (inclusive a teo-logia) tente nos explicar que devemos escolher entre isso e aquilo, permanece o inexplicável pulsando em nós, nos dirigindo ao todo, fazendo-nos desejar "comida, diversão e arte".

Se o poema de Cecília Meireles retrata a condição humana marcada pelo original pecado do dualismo, outro poeta nos oferece a via teológica da integração da vida:

> Num meio-dia de fim de primavera
> Tive um sonho como uma fotografia.
> Vi Jesus Cristo descer à terra
> [...]
> A mim ensinou-me tudo.
> Ensinou-me a olhar para as coisas.
> Aponta-me todas as coisas que há nas flores.
> Mostra-me como as pedras são engraçadas
> Quando a gente as tem na mão
> E olha devagar para elas.
>
> (Alberto Caeiro, *O guardador de rebanhos*)

"Vi Jesus Cristo descer à terra." Aqui se aprende tudo! No mistério do Deus menino e brincalhão aprendemos o caminho de superação do "ou isto ou aquilo"; o Deus com cara de moleque faz-nos lembrar daquilo que já havia dito há muito tempo: "Viu tudo o que tinha feito: e era muito bom". Em Jesus – o Deus que se encarnou assumindo toda a realidade –, a inteireza é restaurada, e o "muito bom" é de novo utilizado para nomear a existência.

> Porém, o verbo, que é Espírito,
> fez-se poesia e habitou entre nós,
> cheio de charme e verdade...

> Vimos então um novo céu e uma nova terra,
> em momentos-aqui-e-agora-repletos-de-eterna-paixão,
> gestando um novo tempo
> pois, que grávidos do Espírito-que-sopra-onde-quer,
> começamos a resgatar a palavra inventiva,
> a simbologia criativa,
> e curtimos com absoluta beleza
> nossa provisória certeza.
> A gente voltou a sorrir como jamais
> "o mundo compreendeu e o dia amanheceu em paz".
>
> (Carlos Alberto Rodrigues Alves, *O Verbo*)

É, portanto, no itinerário do seguimento de Jesus que encontraremos as estações, que uma a uma nos podem levar ao encontro com a imagem do Inteiro que habita dentro de cada um. Esse é um itinerário antropológico e, por isso mesmo, espiritual. Isso significa que é espiritual não apesar do antropológico, mas exatamente por causa dele. É no espaço da vida, ainda que marcada por dualismos, que a vida plena floresce.

Iluminados desde dentro de nossa humanidade pelo Espírito que em nós habita, nos colocamos no mesmo itinerário do Deus menino e, com ele, buscamos crescer pelas ruas, no encontro com as pessoas, na celebração da vida, na restauração da inteireza. Só assim poderemos dizer:

> Então verei o Sol com olhos novos
> e a noite e sua aldeia reunida
> a graça branca e seus ocultos ovos,
> a pele do rio e sua secreta vida.
>
> Verei a alma gêmea de cada homem
> na inteira verdade de sua sequência;
> e cada coisa em seu próprio nome
> e cada nome em sua realizada essência.

Confluindo na paz do Teu olhar,
verei por fim a encruzilhada certa
de todos os caminhos da História.

E o reverso de festa da morte.
E fartarei meus olhos em tua Glória,
para assim sempre mais ver,
ver-me e ver-Te.

(Pedro Casaldáliga, *Vi um novo céu e uma nova terra*)

Impresso na gráfica da
Pia Sociedade Filhas de São Paulo
Via Raposo Tavares, km 19,145
05577-300 - São Paulo, SP - Brasil - 2009